Manfred Leunig
Die «Ruggers» der Eintracht

Zur Erinnerung
an meinen Vater Paul Leunig und seine Rugby-Freunde
und an ihre Freundschaft in einer schweren Zeit

Manfred Leunig

Die «Ruggers» der Eintracht

Front und Frankfurt im Spiegel der Feldpost 1939-1946

Impressum:

© 2007 | Dr. Manfred Leunig

Herstellung und Verlag: Books on Demand GmbH | Norderstedt

Umschlaggestaltung: Lisa Mark | CH-8854 Siebnen

Satz und Gestaltung: www.copylink.ch

ISBN 978-3-8370-1125-8

Bibliografische Information der Deutschen Nationalbibliothek

Die Deutsche Nationalbibliothek verzeichnet diese Publikation in der Deutschen
Nationalbibliografie; detaillierte bibliografische Daten sind im Internet über
http://dnb.d-nb.de abrufbar.

Inhaltsverzeichnis

Vorwort | Die Feldpost-Ausgaben, von denen in dieser Schrift zu berichten ist, sind Originaldokumente aus der Zeit des 2. Weltkrieges. Sie stammen aus dem Nachlass meines Vaters Paul Leunig.

Paul, sein Bruder Ludwig und ihr Vater, August Leunig, in Frankfurt bekannt als «Papa» Leunig, sind ein Stück Eintracht- und Frankfurter Sportgeschichte. «Papa» Leunig verschrieb sich bereits 1899 in einem Vorläuferverein von Eintracht Frankfurt der Leichtathletik, zu einer Zeit also, als man den Sportenthusiasten in breiten Kreisen noch das Etikett «Spinner» anzuheften pflegte. Ludwig und Paul Leunig traten in ihres Vaters Fussstapfen, kaum waren sie dem Kindesalter entwachsen. Sie betätigten sich bei Eintracht Frankfurt als talentierte Leichtathleten und später als Rugbyspieler.

Paul Leunig hatte das Pech (oder soll man im Rückblick von Glück reden?), sich beim Sport den Arm auszukugeln. Die Verletzung verschlimmerte sich zusehends, und mittels eines operativen Eingriffs, der damals noch medizinisches Neuland war, wurde der Arm «stabilisiert», damit Paul wieder ein «normales» Leben führen konnte. Da die Beweglichkeit des Armes anschliessend jedoch erheblich eingeschränkt blieb, war es mit dem Leistungssport vorbei, und, was in diesem Zusammenhang von Bedeutung ist, ebenso mit der Wehrtauglichkeit. Paul Leunig verbrachte also den 2. Weltkrieg an der «Heimatfront» und hatte so Gelegenheit, ein kleines Nachrichtenorgan, genannt Feldpost, für den Kreis der Eintracht-Rugbyspieler ins Leben zu rufen.

Ich wusste seit meiner Jugend von der Existenz dieser Dokumente und hätte auch schon früher Zugang zu ihnen gehabt. Dennoch habe ich mich ihnen erst vor wenigen Wochen zugewandt, ziemlich genau 62 Jahren nach Beendigung des 2. Weltkrieges. Der Anlass war ein Aufruf von Matthias Thoma, dem Verantwortlichen für das neue Eintracht-Museum und –Archiv, das noch in diesem Jahr eröffnet wird. Er war auf der Suche nach Objekten und Dokumenten für eben dieses Museum. Mir war sofort klar, dass die besagten Feldpost-Ausgaben an diesem Ort den ihnen gebührenden Platz und Rahmen finden würden.

Die aus der gesamten Kriegszeit praktisch vollständig erhaltenen Feldpost-Ausgaben sind eine Rarität, da Ende Mai 1941 fast alle kleinen und mittelgrossen Zeitungen und Zeitschriften im Zuge der Kriegswirtschaft ihr Erscheinen einstellen mussten. Die Nachrichten der Rugby-Abteilung konnten aber, wenn auch unter Schwierigkeiten, überleben, da sie in einer Grauzone angesiedelt und nicht als Presseorgan registriert waren. Die offiziellen Vereinsnachrichten der Frankfurter Eintracht hingegen mussten, wie viele andere Zeitschriften, 1941 ihr Erscheinen einstellen (Feldpost Nr. 34, S. 15).

Nachdem die Entscheidung gefallen war, verspürte ich spontan den Wunsch, diese Dokumente, es handelt sich dabei immerhin um rund 850 eng

Von links: Paul, August, Ludwig Leunig (Abb. 1)
Foto: M. Leunig

beschriebene DIN-A4 Seiten, vor der endgültigen Trennung gründlich zu lesen und mich mit ihrem Inhalt auseinander zu setzen. Genau so spontan habe ich mich noch während der Lektüre entschlossen, diese kleine Schrift zu verfassen.

Sie ist vor allem für diejenigen gedacht, die sich zwar für das Thema interessieren, aber nicht gewillt oder in der Lage sind, sich mit einer solchen Menge an Originaldokumenten unmittelbar zu beschäftigen. Gewiss ist diese Schrift kein Ersatz für die Lektüre des Originals. Das vorliegende Manuskript soll jedoch wenigstens einen groben Überblick vermitteln über 80 Ausgaben der Feldpost während des 2. Weltkrieges. Es soll widerspiegeln, wie die Ruggers, die Rugbyspieler der Frankfurter Eintracht, die gerne diesen englischen Ausdruck benutzten, den Krieg an der Front und in der Heimat erlebt und erlitten haben.

Warum hat es erst jetzt «gefunkt»? Es gab doch auch früher schon Impulse. Sicher war es nicht Interesselosigkeit. Habe ich doch den 2. Weltkrieg als Kind miterlebt. In Erinnerungsfetzen ist mir diese Zeit immer noch in unangenehmer Weise präsent. Viele der Protago-

(Abb. 2) Paul Leunig als Leichtathlet
Foto: M. Leunig

nisten habe ich – soweit sie überlebten – nach dem Krieg als Freunde meiner Eltern kennen gelernt. Vermutlich ist erst jetzt der nötige Abstand vorhanden und die Zeit reif für ein solches Unterfangen. Ich dürfte auch kein Einzelfall sein. Die Rückblicke auf jene schreckliche Zeit scheinen sich in jüngster Zeit zu häufen.

Wie schon gesagt, gibt es nach meinem Dafürhalten keinen besseren Ort für die dauerhafte Aufbewahrung dieser Dokumente als das neue Eintracht-Museum in der Frankfurter Commerzbank-Arena. Sie werden dort archiviert und für Interessierte zugänglich sein.

Ich bin froh, mich mit diesen Unterlagen endlich gründlich auseinander gesetzt zu haben. Eine Zeit, die ich als Kind miterlebt habe, ohne die Ereignisse wirklich zu begreifen, ist für mich dabei lebendig geworden. Es ist, als ob eine bisher unerledigte Aufgabe nunmehr zu Ende gebracht sei.

Danken möchte ich Matthias Thoma, dem Vereinsarchivar, für die Unterstützung meines Projektes und meiner «besseren Hälfte» Johanna Leunig dafür, dass sie die Feldpost-Ausgaben viele Jahre sorgsam aufbewahrt und mir bei der Abfassung dieser Schrift mit Rat und Tat zur Seite gestanden hat.

Wollerau, im September 2007

Manfred Leunig

Einleitung | Die Dokumente, von denen hier die Rede ist, sind 80 Ausgaben eines Nachrichtenblattes, die mit Ausnahme der ersten und letzten Ausgaben den Titel «Feldpost: Nachrichten der Rugby-Abteilung der Frankfurter Sportgemeinde Eintracht e. V. für Front und Heimat» tragen. Sie zeichnen das Schicksal einer Gruppe von Menschen im 2. Weltkrieg an der Front oder in der Heimat, die der Sport, speziell der Rugbysport, zusammengeführt hat und die eine tiefe Freundschaft verband.

Es ist eine Zeit des totalen Krieges. Die militärischen Massnahmen auf beiden Seiten richten sich gegen die feindlichen Armeen, die Industrie und Rüstungsbetriebe des Feindes, aber auch gegen die feindliche Zivilbevölkerung. Und die Nazi-Regierung setzt sich in ihrem Rassenwahn die Vernichtung der Juden und anderer Bevölkerungsgruppen in Deutschland und in den besetzten Gebieten zum Ziel. Mit anderen Worten: Es war ein wirklich schmutziger Krieg, und es stellen sich Fragen über Fragen: Wie sind die direkt oder indirekt, freiwillig oder unfreiwillig Beteiligten mit den Umständen dieses Krieges umgegangen, welche Fakten waren ihnen bekannt oder auch nicht, was konnte man wissen, was wollte man wissen, wie haben sie überlebt oder sind sie gestorben, was war ihre innere oder nach aussen gezeigte Einstellung, hat sich diese im Laufe des Krieges verändert, und was der Fragen mehr sind?

Man kann sich diesen Dokumenten aus unterschiedlichen Perspektiven nähern, und es gibt wahrscheinlich so viele «Wahrheiten» wie Sichtweisen. Mir geht es nicht darum, ausgestattet mit dem heutigen Wissen, von hoher Warte aus, das damalige Geschehen im Kreis der Rugby-Spieler der Frankfurter Eintracht (der Ruggers, wie sie sich nannten) zu beurteilen und zu bewerten. Das möchte ich tunlichst vermeiden. Mein Bemühen geht vielmehr dahin, mich in die Rugby-Freunde und ihre Perspektive «hinein» zu fühlen und «hinein» zu denken und «empathisch» zu verstehen, wie die Protagonisten damals das sportliche, aber auch das Kriegsgeschehen mit gestaltet und erlebt haben. Dabei ist es mein Bestreben, den speziellen Geist, der diese verschworene Gemeinschaft von Sportlern verbunden hat, aus der Feldpost gleichsam heraus zu filtern und deutlich zu machen.

Kapitel 1 und 2 befassen sich mit der Feldpost als «Nachrichtenorgan», mit ihren Besonderheiten und Eigenheiten sowie mit «redaktionellen» Details.

Kapitel 3 ist den Ruggers selber gewidmet, ihrer Prägung durch die charakterbildenden Eigenschaften des Rugbysports, ihren besonderen Charakterzügen als Gruppe und als Individuen.

Kapitel 4 beschreibt die in der Feldpost geschilderten sportlichen Ereignisse, die im Laufe des Krieges immer spärlicher wurden.

In Kapitel 5 ist der Fokus auf das militärische Geschehen gerichtet, auf das Erleben des Krieges an der Front und in der Heimat und auf die Einstellung der Ruggers zu Militär und Wehrmacht.

Kapitel 6 versucht, die politische Dimension und das Verhältnis der Eintracht-Rugbyspieler zum Nazi-Regime auszuloten.

In Kapitel 7 werfen wir einen kurzen Blick in die Zukunft, in die Zeit des Neuanfangs nach dem Krieg.

Den Abschluss bildet ein Verzeichnis der Ruggers und einiger Freunde, die in den Nachrichten der Rugby-Abteilung während des 2. Weltkrieges eine grössere oder kleinere Rolle spielten.

Lassen wir nun die Feldpost der Rugby-Abteilung der Frankfurter Eintracht zu uns sprechen.

1 Der besondere Charakter und Stil der Feldpost

Mit den folgenden Worten wendete sich Paul Leunig in einem Schreiben vom 21. Oktober 1939 an neun Rugby-Kameraden, die zu diesem Zeitpunkt bereits als Soldaten an den Kämpfen des beginnenden Weltkrieges beteiligt waren: «Ihr werdet Euch wohl schon manches Mal bei Eurem Kerzenlicht im Bunker, oder wo Ihr auch sonst seid, die Frage vorgelegt haben, was macht eigentlich die Rugby-Abteilung der Eintracht, läuft der Laden auch ohne uns weiter, trifft man sich in der Heimat noch oder wird gar noch gespielt. Da ich der Ansicht bin, dass Ihr ein Anrecht darauf habt, von uns Daheimgebliebenen darüber unterrichtet zu werden, was die Rugby-Abteilung macht bzw. wie die uns zur Weiterführung überlassene Abteilung weitergeführt wird, habe ich mich dazu entschlossen, Euch in gewissen Zeitabständen einen Bericht über die Entwicklung der Rugby-Abteilung zu senden.»

Was am 21. Oktober 1939 mit einem Rundschreiben von Paul Leunig an seine Freunde und Kameraden von der Rugby-Abteilung der Frankfurter Eintracht begann, mauserte sich im Laufe der Zeit zu regelrechten Vereinsnachrichten für den überschaubaren Kreis der Eintracht-Rugbyspieler, von denen die meisten freilich infolge des Krieges als Soldaten in ganz Europa verstreut waren. Aus der Feldpost wurde so etwas wie eine kleine, mit einfachsten Mitteln gestaltete Zeitschrift, die in den Kriegsjahren ihre Empfänger und Leser mit Nachrichten vom Frankfurter Sport, insbesondere vom Rugby-Sport, sowie vom Kriegsschicksal der Ruggers und den Ereignissen in der Heimat versorgte.

Allerdings hatte diese kleine Zeitschrift, wenn man sie so nennen will, einen ganz eigentümlichen Charakter des sehr vertraulichen, vielfach witzigen und ziemlich respektlosen Informationsaustausches, der in dieser Form nur möglich war, weil die Macher, Schreiber und Leser Teil eines ganz engen, über viele Jahre gewachsenen Freundeskreises waren und Leser, die nicht zu diesem «Netzwerk» gehörten, eigentlich nicht vorgesehen waren.

Ein Beispiel aus Rundbrief Nr. 7 vom 14. 12. 1939: «[…] Am letzten Freitag haben wir die Gaststätte Derleth einmal wieder frequentiert. Wir waren ein an sich kleiner, dafür aber erlauchter Kreis. Ein Herr unserer Gesellschaft [….] legte grösseren Wert darauf als Abschluss des Abends

Frankfurt/a.Main, d.5.Februar 1940.

FELDPOST.

Nachrichten der Rugby-Abt. der Frankfurter Sportgemeinde
»Eintracht« e.V. für Front und Heimat.

Abschied von der Spielstunde.

» Im echten Manne ist ein Kind versteckt: das will spielen,« sagt
Nietzsche, und Christian Morgenstern setzt es seinen »Galgenliedern« als
Einleitung voraus.

Der Mann spielt in der Badewanne Kapitän, mit Schwamm und Seifen-
behälter rauscht er über Wogenkämme, der Rückenschrubber ist ein Riff, der
grosse Zeh ein ferner Leuchtturm..... unter der Brause singt er die traurige Ballade vom »kleinen Matrosen« und planscht dabei die Stube voll.....

Spielen erhält jung !

In Erkenntnis dieser Tatsache hatte unsere weise Abteilungsleitung
eine Spielstunde für Heimkrieger ins Leben gerufen. Sie bot alles das, was
Erwachsene sonst ausnahmsweise nur auf Juxplätzen geniessen dürfen ! Pisto-
len-u. Gewehrschiessen, Tischhockey, elektr.»Verkehrs« - Apparate, Chicago
scharf, 69 oder » 3 auf die Volle « usw. Waren alle »Spielzeuge« besetzt,
so frönten die Knaben am Tisch ganz geheim ihrem Spieltrieb, indem sie mit
beachtlicher Mühe Pyramiden aus Bierdeckeln bauten oder mit Büroklammern,
die sie heimlich aus der Westentasche zauberten, adrette Metallkettchen an-
fertigten. Andere pumperten mit den Knöcheln wider die Büfettwand und ver-
banden mit dem entstehenden Geräusch gleichzeitig die Aufforderung für ein
frisches Helles.

Spielstunde bei Mayer ! Die Abteilungsleitung pflegte das kindli-
che Idyll, weil das Heroische und das Idyllische Geschwister sind. Wer das
Idyllische nicht liebt, ist kein Held, sondern ein Pedant ! Auf Ihr Knaben !

Mussten wir nicht lachen, wenn wir an den sturen, fast tragischen
Ernst denken, mit dem Teddy Schmidt stundenlang am elektrischen Apparat
trainierte, um Rekorde zu erzielen. Welcher Gegensatz von dieser »ernsten«
Arbeit zu dem temperamentvollen Tischhockey-Match Gabler-Kress ! Haben wir
uns nicht ausgeschüttelt vor Lachen, wenn Derleth mit verklebten (Bierdek-
kel) linken Auge phantastisch hohe Ringe schoss. Oder Schmidt-Fisch mit
tödlichem Ernst seine Schützenkönig-Würde verteidigte, zu welchem Zweck er
sich im Dunkeln konzentrierte und keinen Alkohol trank ! War es bei Fritz
Lucas nicht der Traum aller Träume wenigstens einmal den alten Mayer beim
Lochbillard hineinzulegen ? War es nicht köstlich, wenn During beim 69 ver-
stohlen die Bierdeckel seines Vordermannes zählte und solche dann prompt
in der nächsten Minute zu seinen eigenen legen durfte ! Machte es nicht un-
bändig Spass, wenn die Fachleute Meinhardt und Pfleger todernst die Theorie
des Pistolenschiessens erklärten, um dann sofort selbst ins Blaue zu schiessen ! Und dies alles umrahmt von dem köstlichen Flachs Paul Leunigs und
Kurt Dappers und eingehüllt von dem dröhnenden Lachen Heini Solzers !

Und nun ist es aus ! Nun gilt es Abschied zu nehmen von der geliebten Spielstunde bei Mayer ! Das seit länger als einen Monat über ganz Europa liegende Kältezentrum, dessen ungewöhnlich niedrige Temperaturen und
dessen anhaltende Dauer in Jahrzehnten keine vergleichbaren Erscheinungen
ähnlichen Ausmasses erkennen lassen, zwingt auch Mayer zur Schliessung un-
seres Spielraumes. Notgedrungen ! Notgedrungen erwacht nun unvermittelt in
Anbetracht dieser nackten Tatsache in uns wieder die nüchterne und poesie-
lose Männlichkeit.........

F.L.

Auszug aus Feldpost Nr. 14 vom 5. Febr. 1940 (Abb. 3)

noch eine Tasse des guten Kaffees in der Allee zu geniessen. Aus kameradschaftlichen Gründen und auch weil in diesem Stadtviertel für einen nicht ganz gefestigten jungen Mann – und das dürfte in diesem Fall vorliegen – an jeder Ecke eine grössere Gefahr lauert, haben wir ihn geschlossen in dieses Gefahrengebiet begleitet. Dortselbst erhielten wir als Auszeichnung für unseren Mut vom Fischer's Adolf eine Runde geworfen. Wir haben uns natürlich sehr geehrt gefühlt. [….] [D]er Anreger des Kaffee-Umtrunkes sowie ein Genosse Bankbeamter sind dann über das Ballhaus Gondel [….] nach Hause gegangen. Am anderen Tag hat man sich dann auf der Genossenschaftsbank gefragt, wie bist Du denn eigentlich heimgekommen, ich hab' Dich am Schluss gar nicht mehr gesehen. So dunkel hat die Verdunkelung Frankfurt gemacht, es können sich zwei also gegenseitig heimbringen und sie sehen sich doch nicht.» Natürlich versteht der Leser, dass doch eher der Alkohol als die Verdunkelung schuld war.

Die für eine kleine Gruppe von Insidern konzipierte Feldpost wurde in der damaligen Zeit aber von jedem, der sie in die Hand bekam, als beispielhaft empfunden. Dadurch wurde sie über den kleinen Kreis der Rugby-Spieler der Eintracht hinaus bekannt und erregte prompt Anstoss. Ende Dezember 1940 rügte der Leiter der Fachgruppe Rugby im «Nat.-Soz. Reichsbund für Leibesübungen» (Nr. 29, S. 1f) die Berichterstattung über Rugby-Spiele der Eintracht bzw. von Südwest-Auswahlmannschaften als überheblich und die Gegner in unnötiger und verletzender Weise herabsetzend, als unkameradschaftlich und hämisch usw. Worauf ihm Fritz Lucas, damals einer der beiden «Redakteure», antwortet: «Sie [die Feldpost] ist keine Tages- oder Sportzeitung, sondern lediglich ein bescheidenes aber bewährtes Bindeglied zwischen Front und Heimat sowie den Kameraden im feldgrauen Rock untereinander. Sie ist in dem Ton geschrieben, der unter Sportsleuten und Soldaten am Biertisch herrscht und erhebt keinerlei Anspruch darauf, als Presseorgan – ganz gleich in welchem Sinne – zu gelten» (Nr. 29, S. 3).

Aber eine kleine, mit einfachsten Mitteln erstellte Zeitschrift war sie doch, die Feldpost, wenn auch kein «Presseorgan». Eine Zeitschrift freilich, die nicht für eine breite und diffuse Öffentlichkeit bestimmt war, sondern für einen relativ kleinen, geschlossenen Kreis von Machern und

Lesern, die sich alle gegenseitig gut kannten, ja mehr noch, die sich seit vielen Jahren als Freunde und Kameraden fühlten. Und deren, sagen wir, informeller Umgangston mit viel Humor und Flachs prägte den Stil der Feldpost und macht auch heute noch die Lektüre zu einem Vergnügen – sofern einem nicht traurige oder tragische Ereignisse das Lesen vergällen.

Die Herstellung der Feldpost mit Schreibmaschine und mit Hilfe von Matrizen machte nachträgliche Korrekturen kompliziert bis unmöglich. Die Beiträge von der Front wurden meist unter Zeitmangel, manchmal sogar im Schützengraben unter feindlichem Feuer von Hand geschrieben und waren selten sprachlich bis ins Letzte ausgefeilt, dafür unverfälscht und authentisch. Was im ersten Anlauf den Weg auf das Papier fand, konnte und sollte nicht mehr verändert werden. Daher ist der Stil der Feldpost unmittelbar, direkt, spontan, wie das gesprochene Wort, manchmal ein klein wenig verwandt mit den Sprachformen der heutigen Internetforen oder Chat-Rooms.

Ado Block bringt es in einer Zuschrift (Nr. 52, S. 1) auf den Punkt: «Es sind nicht nur die Nachrichten selbst, es ist vor allem der prächtige derbe Ton unserer Ruggers, der die Zeitung so herzerfrischend macht und den Leser mitreisst.» Das gilt, wie gesagt, nicht nur für den damaligen direkt betroffenen, sondern auch für den heutigen Leser, zumal wenn dieser aus familiären oder sonstigen Gründen einen Bezug zum Geschehen hat.

Das Bemühen, die Informationen mit Witz, Humor und einer Portion Leichtigkeit an den «Mann» zu bringen (Rugby war damals eine reine Männerdomäne und Frauen gehörten dem Zeitgeist gemäss eigentlich nicht zu den Adressaten), dieses Bemühen ist in den Schriften stets zu spüren, wenn auch bei den einzelnen Autoren unterschiedlich stark. Das entspricht einerseits dem unter den Ruggers üblichen Ton. Andererseits rührt diese heitere Grundstimmung vom ausgeprägten Willen her, sich nicht so leicht unterkriegen zu lassen, trotz der Betroffenheit über teilweise erschütternde Kriegsereignisse. Manche Bemerkungen sind allerdings eher der Kategorie «Galgenhumor» zuzurechnen, etwa wenn Walter Sack 1942 ausrechnet (Nr. 48, S. 7), dass er bei der gegenwärtigen Urlaubsquote zur Konfirmation seines Erstgeborenen im Jahr 1954 dran wäre. Und Hans Braun schreibt von der Ostfront (Nr. 41, S. 9): «Wir fragen uns oft, ob denn überhaupt noch jemand hier heraus kommt und behalten dabei doch den Glauben an den Sieg und unseren gesunden Humor.»

Es gilt aber auch von Kameraden zu berichten, die ihr Leben im Krieg verloren hatten oder ihre Angehörigen bei Bombenangriffen. Die Nachrufe von Freund zu Freund sind zum Teil sehr persönlich und bewegend. Es gibt also durchaus Momente, in denen der lockere Ton nicht angebracht war und dann auch konsequent vermieden wurde.

Der nationalsozialistische Wortschatz, die damals üblichen Sprachregelungen und Formulierungen finden sich bisweilen auch in den Beiträgen. Das war seinerzeit wohl unvermeidlich. Allerdings sind sie keineswegs dominant, eher eine Randerscheinung, da die Beiträge in aller Regel vollständig unpolitisch sind. Es geht den Autoren einzig darum, auch unter schwersten äusseren Bedingungen Freundschaft und Kameradschaft zu pflegen und die Hoffnung aufrecht zu erhalten, dass irgendwann wieder Friede und Zeiten normaler sportlicher Wettkämpfe eintreten werden.

VON KAMERAD ZU KAMERAD

__Theo Presser__ schreibt unterm 31.8.41

Lieber Kurt !

Endlich nach langer Zeit möchte und kann ich Dir mal schreiben. Du darfst mir nicht böse sein, wenn ich solange nichts von mir hören liess, aber wenn Du die Verhältnisse hier kennen würdest, ich sage Dir, es ist zum wahnsinnig werden. Ich habe in diesem Feldzug noch keine Nacht durchgeschlafen. 2 Stunden Dienst, 2 Stunden Ruhe. Du kannst Dir also vorstellen, wie es mit der Freizeit und mit dem Schreiben steht. Wie Du siehst, geht es mir noch gut und ich bin noch gesund, was ich auch von Dir hoffe.

Heute bekam ich die Feldpost Nr. 38. Ich danke Dir sehr dafür, denn es war nach fast 2 Wochen die einzige Post und das einzige Lebenszeichen von zu Hause. Auch die vorige Feldpost habe ich bekommen. Ich hatte schon längst vor Dir und den Kameraden zu schreiben, aber es ist nur beim Willen geblieben. Wir sind halt Heerestruppe und werden im Bewegungskrieg mal hier und mal dorthin geworfen.

Schwere Tage und Wochen habe ich mitgemacht. Ich glaube, Du wirst mich nicht mehr kennen, ich bin um 10 Jahre gealtert, aber ich werde mich wieder verjüngen, wenn ich gesund nach Hause komme. Auf jeden Fall sind die Beine und Arme noch da, das sind wohl die wichtigsten Bestandteile am ganzen Gerüst, wenigstens für einen Rugbymann.

Kurz will ich Dir jetzt mitteilen, wo ich mich aufhalte, und wo ich mich aufgehalten habe. Wir sind am 22.6. über Byck nach Suwalki zum Angriff angetreten. Morgens früh um 3^{05} ging der Zauber los. Nach drei Stunden etwa gab es schon Stellungswechsel und von dieser Zeit an ging es vorwärts, unermüdlich vorwärts. Ich habe die Schlacht bei Bialistok, Minsk und Smolensk mitgemacht und kann, wenn es wieder mal Urlaub gibt, allerhand tolle Sachen erzählen. Momentan liege ich etwa 80 km nördlich von Smolensk. In dieser Stellung liegen wir nun schon einige Tage und warten bis es wieder mal weiter geht. Allzulange wird es ja nicht mehr dauern. Wir sind wohl bei den Truppen, die am weitesten vorgestossen sind und am nächsten vor Moskau liegen. Es sind etwa noch 280 km. Für eine motorisierte Truppe wie wir ein Katzensprung, hoffentlich ist der Laden hier bald zu Ende, dass auch wieder mal an der Runde der Heimkrieger teilnehmen kann.

Jetzt lieber Kurt, hätte ich eine Bitte. Da mir meine Brüder beide noch nicht geschrieben haben, bitte ich Dich, Grüsse von mir auszurichten und besonders dem sturen Holländer mal eins auszuwischen von wegen Zigaretten und so. Wir rauchen hier nämlich sogenannten russischen Tee in Zeitungspapier. Wenn es zur Gewohnheit wird, schmeckt es nicht schlecht. Aber das nur nebenbei, dass der sture Knüppel weiss, wie gut es ihm geht, und dass er sich schämen muss, von seinem jüngsten Bruder ermahnt zu werden. Jetzt kommt der grösste Clou. Wie Du vielleicht schon gehört hast, ist Karl zum 2.Male Vater geworden. Gratuliere ihm bitte in meinem Namen.

Jetzt lieber Kurt, muss ich wieder schliessen. Grüsse alle Kame-

Auszug aus Feldpost Nr. 41 vom 9. November 1941 (Abb. 4)

2 Die Geschichte der Feldpost: Daten und Fakten

Die Ausgaben waren zunächst Rundschreiben mit zehn bis elf Durchschlägen für die Soldaten an der Front. Das war die technisch maximal machbare Anzahl an Durchschlägen. Da es bald mehr Empfänger gab, wurde eine Weitergabe der gelesenen Berichte organisiert. Nach der zwölften Ausgabe übergibt Paul Leunig die Schriftleitung an Fritz Lucas und Kurt Dapper, da der Beruf ihn vorübergehend nach Düsseldorf und Schweinfurt führt. Von diesem Moment an werden die Ausgaben nummeriert und erhalten einen Titel, und zwar «Feldpost: Nachrichten der Rugby-Abteilung der Frankfurter Sportgemeinde Eintracht e.V. für Front und Heimat», der bis Kriegsende unverändert beibehalten wird. In der Praxis setzte sich die Kurzbezeichnung «Feldpost» durch.

Obwohl Paul Leunig in seinem letzten Rundschreiben vom zwölften Bericht spricht, sind nur 10 nachträglich von Hand von 1 bis 10 durchnummerierte Ausgaben erhalten geblieben, die Datumsangaben vom 21. 10. 1939 bis 8. 1. 1940 aufweisen. Entweder sind also zwei Ausgaben verschollen, oder beim «zwölften» Bericht von Paul Leunig vom 8. Januar 1940 liegt eine Falschzählung vor, und es handelt sich in Wahrheit erst um die zehnte Ausgabe. Angesichts der kurzen Zeitspanne zwischen Ende Oktober und Anfang Januar neige ich zur zweiten Annahme.

Mit Ausgabe Nr. 13 vom 22. Januar 1940 jedenfalls beginnt eine neue Ära mit einigen signifikanten Änderungen an der Feldpost. Die neuen Redakteure schreiben auf der Titelseite: «Die Tatsache, dass nunmehr zwei Mann […] verantwortlich sind, hat eine Arbeitsteilung notwendig gemacht, die die bisherige Briefform unmöglich macht. Wenn wir deshalb unsere dünnen Blätter ab heute in Form einer ‹Frontzeitung› herausgeben, so bitten wir, uns nicht für grössenwahnsinnig zu halten! Wir haben nur ein Ziel vor Augen: die Verbindung der Frontkameraden mit unserer alten Rugby-Abteilung aufrechtzuerhalten und – was uns noch wichtiger erscheint – die Verbindung der Frontkameraden untereinander herzustellen und zu pflegen […] Wir werden daher in unserer ‹Feldpost› jeweils unter der Bezeichnung ‹Von Kamerad zu Kamerad› euere Briefe auszugsweise bringen, die somit jedem Kameraden der Abteilung in die Hände kommen. Also schreibt und werdet Mitarbeiter unserer neuen ‹Feldpost›.»

So sieht die Arbeitsteilung zunächst aus: Leitartikel, Sport, Kurze Meldungen, «Von Kamerad zu Kamerad» übernimmt Fritz Lucas. Feuilleton, Hofnachrichten, Flachs usw. betreut Kurt Dapper. Da die Rugby-Kameraden an der Front dem Aufruf rege Folge leisteten und jeweils zahlreiche Briefe oder Artikel an die Redaktion sandten, die dann in der Feldpost ganz oder auszugsweise wiedergegeben wurden, ist es tatsächlich gerechtfertigt, sie als Korrespondent oder Mitarbeiter der Feldpost zu betrachten. Das trifft insbesondere für einige der Ruggers an der Front zu, die ganz offensichtlich eine besondere Begabung auszeichnete für eine lebhafte und packende, teilweise auch bestürzende Beschreibung ihrer Fronterlebnisse. In diesem Sinne kann man die Feldpost durchaus als ein grosses Gemeinschaftswerk charakterisieren, auch wenn natürlich die Redakteure nach wie vor die Hauptlast zu tragen hatten.

Wäre der Wechsel der Berichterstatter nicht angekündigt worden, man hätte ihn aufgrund des veränderten Stiles trotzdem bemerkt. Der Ton wird spürbar pathetischer, wie die folgende Kostprobe zeigt: «Die Erde ist hart und starr, ein eisiges Klirren tönt in der Luft. Bäume zittern im Geäst, und misstrauisch gleitet die Sonne – wenn sie überhaupt die Nebel durchsticht – über die weiss gedeckten Hügel. [...] Manchmal aber holt die Erde tief Atem, und der gelinde Hauch scheint einen falschen Herbst oder einen falschen Frühling zu beschwören; sie schöpft zurückschauend aus sich Erinnerung empor oder blickt schon in ein noch dunkles, unaufgehelltes Neues Jahr. [...] Wir haben ein schweres Erbe angetreten und zu verwalten: Paul Leunig, hinter dessen kühler Stirn der grosse Gedanke geboren wurde, die Verbindung zu unseren Soldaten mit regelmässigen Briefsendungen aufrecht zu erhalten, und dessen reger Arbeitsgeist – verbunden mit einem warmen Herzen – diesen Gedanken sofort in die Tat umsetzte, ist beruflich von Frankfurt [...] weggezogen. Seine Arbeit haben wir fortzusetzen, seine Ideale haben wir zu pflegen! Das helle Echo, das seine Frontbriefe bei allen Kameraden gefunden hat, soll uns hierzu Ansporn sein! [...] Kameraden! Wenn heute der Säugling ‹Feldpost› mit umschatteten Augen, hemmungsreichen Eingeweiden, gebrechlichem Gewand und einer dünnen Haut in die Winterkälte zu euch hinausgeht, so bitten wir euch: nehmt ihn freundlich auf und bergt ihn väterlich an der gepanzerten Brust. Nie kann Geborgenheit für einen Säugling schöner sein als in den harten Zeiten des Krieges!» (Nr. 13, S. 1f)

Dennoch kommen der lockere Ton und der Flachs auch bei den neuen Redakteuren nicht zu kurz. Das beweist der Bericht über den Besuch Rudolf «Anton» Sengers, kürzlich kriegsgetraut und auf Heimaturlaub, in der Vereinsgaststätte: «[…] und nach angestrengtem Spiel wollte unser Anton plötzlich abhauen. Wir hatten aber noch einige Kirschrunden zu absolvieren und hierzu benötigten wir auch diesen Ehekrüppel. Mit Gewalt wollte er sich losreissen, um heim zu Mutti zu kommen, wie er immer sagte, jedoch die sichere Wirkung der Kirschrunden machte sich bemerkbar und es war uns unter Hinweis auf das bestehende Gesetz zur Verhütung erbkranken Nachwuchses gelungen, ihm auch den letzten Kirsch noch einzuflössen. Hoffentlich, lieber Anton, kommen uns in den nächsten Tagen keine Klagen Deiner Gattin zu Ohren» (Nr. 13, S. 4).

Im August 1940 berichtet die Redaktion, dass die Feldpost inzwischen eine Auflage von 30 Exemplaren erreicht hat, die unentwegt an die Soldaten der Front und an die in den Heimat-Garnisonen verschickt werden. Und das geschieht trotz immerwährender Schwierigkeiten mit den Versandadressen, die wegen ständig wechselnder Einsatzorte der Empfänger nie auf dem neuesten Stand sein können. Der Kampf um die richtigen Versandadressen zieht sich wie ein roter Faden durch die gesamte Geschichte der Feldpost, ohne dass sich deren Macher je entmutigen liessen, wenn Exemplare als unzustellbar zurückkamen.

Eine Auflage in der inzwischen erreichten Grössenordnung setzte ein mehrmaliges Schreiben des gleichen Textes auf einer Schreibmaschine voraus, da sich keine 30 Durchschläge auf einmal machen liessen. Das war schon ausserordentlich mühsam. Deshalb wird ab Nummer 25 vom September 1940 eine neue Technik verwendet: Das Beschreiben von Matrizen, von denen anschliessend eine grössere Anzahl von Abzügen hergestellt werden konnte. Das Verfahren ist mir von meinen Lehrlingsberichten noch vertraut. Nur ungern denke ich daran zurück, da eine Korrektur der unvermeidlichen Tippfehler schwierig und äusserst zeitraubend ist. Aber immerhin musste der Text jetzt nur noch einmal abgetippt werden. Es gab damals noch keine Kopiergeräte, geschweige denn PCs mit Textverarbeitungsprogramm und Drucker. Wer heute mit diesen «Wunder-Werkzeugen» aufwächst, kann sich die Mühsal kaum vorstellen, die seinerzeit mit der Anfertigung der benötigten Anzahl Exemplare verbunden war.

Aber die Arbeit lohnte sich. Das Feedback der Leser ist geradezu enthusiastisch. Die Soldaten an der Front warten sehnsüchtig auf die «Stimme der Heimat» (Nr. 25, S. 32), die über manche schwere Stunde hinweg hilft. Das gilt im Übrigen nicht nur für die direkt angesprochenen Rugbyspieler der Eintracht. Willi Hahn schreibt in Nr. 27, S. 3, die Feldpost sei das meistgelesene Blatt in der Kompanie. Mit ihrem leichten, lockeren und lebhaften Stil spricht sie auch Frontsoldaten an, die nicht unmittelbar zum engeren Kreis der Ruggers gehören.

Im Februar 1941 wird auch Fritz Lucas, kurz zuvor 40 Jahre alt geworden, einberufen. Kurt Dapper führt nunmehr die Feldpost alleine weiter. Freilich bleibt Fritz Lucas auch im Krieg und an der Front mit der Feldpost verbunden. Er schickt interessante Artikel zu den unterschiedlichsten Themen, die regelmässig in der Feldpost veröffentlicht werden, z. B. über den unzusammenhängenden Frontverlauf im Osten, den unvorstellbar schlechten Zustand der sowjetischen Strassen oder die Feldpost als Brücke und ein Stück Heimat.

Die erwähnte Matrizentechnik gestattet nicht nur eine grössere Anzahl von Abzügen, auch der Umfang der einzelnen Ausgaben nimmt zu und beträgt im zweiten Jahr bald einmal rund 20 eng beschriebene DIN-A4 Seiten, in einem Fall sogar 32 Seiten. Es gelingt, diesen Umfang grosso modo bis gegen Ende 1942 aufrecht zu erhalten, obwohl sich schon bald erhebliche Schwierigkeiten einstellen. Gewichtsbeschränkungen der Post machen bisweilen die Aufteilung einer Nummer auf mehrere Postsendungen an den gleichen Adressaten erforderlich. Papier und sonstiges Büromaterial ist knapp und muss immer wieder «organisiert» werden. Mancher Spender von Vervielfältigungsmaterial und Umschlägen macht sich um das weitere Erscheinen der Feldpost verdient. Es ist der Ehrgeiz der Redaktion, bis zur Jubiläumsnummer 50 im August 1942 ohne allzu grosse Einschnitte durchzuhalten. Das ist umso verdienstvoller, als eigentlich die Herausgabe der Feldpost in der Form, wie sie sich inzwischen etabliert hatte, aus «wehrwirtschaftlichen Gründen» nicht mehr erwünscht war, und zahlreiche deutsche Zeitungen und Zeitschriften, wie im Vorwort erwähnt, im Mai 1941 ihr Erscheinen hatten einstellen müssen. Die Zeitungsmacher geloben jedoch, die Feldpost weiter zu führen, solange sich wenigstens noch ein Mann der Rugby-Abteilung in Frankfurt befindet. Obwohl ab 1943 der seitenmässige Umfang doch empfindlich schrumpft, beträgt die Auflage selbst im Jahr 1944 noch mehr als 50 Exemplare. Es gelingt trotz wiederholt geäusserter Befürchtungen tatsächlich, die Feldpost bis zum Kriegsende und sogar etwas darüber hinaus am Leben zu halten.

Die Adressen der Empfänger bereiteten, wie schon angedeutet, Sorgen, weil es schwer fiel, sie auf dem neuesten Stand zu halten, insbesondere in den turbulenten letzten Kriegsmonaten. Spätestens ab 1943 kam die Angst vor dem Verlust der Adressen durch die Bombenangriffe auf Frankfurt hinzu.

Inzwischen gab es wiederum Änderungen in der Redaktion. Zunächst war Kurt Dapper ab September 1942 immer öfter von Berufs wegen auf Reisen. Deshalb erklärten sich Heinrich Solzer und erneut Paul Leunig, der mittlerweile wieder vorwiegend in Frankfurt tätig war, zur Mitarbeit bereit. Ein Jahr später, im September 1943 kam es zu einer weiteren Zäsur. Nunmehr wurde auch Heini Solzer einberufen, und Kurt Dapper war kaum noch in Frankfurt. Von da an bis zu ihrem Ende 1946 übernahm wieder Paul Leunig, der Gründungsvater, die Herausgabe der Feldpost.

Die letzte Kriegsausgabe trägt das Datum vom 15. März 1945, wurde also kurz vor Kriegsende verschickt. Danach sind noch einige wenige Ausgaben der Feldpost erschienen, allerdings jetzt unter einem anderen Titel, da ja sowohl «Feldpost» als auch der Zusatz «für Front und Heimat» keinen Sinn mehr machten. Erhalten sind noch die Nummer 80 aus Januar 1946 mit der Überschrift «Rugby-Abteilung der Frankfurter Eintracht» und die Nummer 82 aus November 1946 unter dem Titel «Rugby-Post». Es ist nicht mehr mit Sicherheit feststellbar, aber vermutlich war die Nummer 82 die letzte Ausgabe der Feldpost.

Das Gesamtvolumen aller noch vorhandenen Feldpostausgaben beträgt rund 850 DIN-A4 Seiten.

3 Selbstverständnis der Eintracht Rugbyspieler

Es ist unübersehbar und wird immer wieder deutlich: Die Berichterstatter und die Adressaten sind überzeugt, der edle Rugbysport, dieses herrliche, ja königliche Rasenspiel (so seinerzeit die Deutsche Rugby-Zeitung) sei die Krone der Sportarten - eine durchaus elitäre Einstellung. Zum Vergnügen der sportlichen Betätigung gesellt sich ihrer Meinung nach als ganz wesentliches Element der persönlichkeitsbildende und erzieherische Charakter des Mannschaftssports Rugby. Äusserster Kampf und Einsatz, aber immer im Geiste der Fairness und des Respekts vor dem Gegner, und harmonisches Zusammenwirken und Kameradschaft, das sind die Tugenden, die dieser männliche Sport verlangt und denjenigen beibringt, die ihn ernsthaft betreiben.

Rugby ist und bleibt also das einzig richtige Kampfspiel für die deutsche Jugend oder, wie Hans Braun schreibt (Nr. 23, S. 4), der Erzieher zu Mut und Draufgängertum. Da man sich mitten im Weltkrieg befindet, erwächst aus dieser Sicht geradezu zwingend die Erkenntnis, dass besonders das Rugbyspiel jene Eigenschaften fördert, die einen guten Soldaten auszeichnen. Im September 1940 (Nr. 25, S. 2) wird den Rugbyspielern an der Front mit viel Pathos zugerufen: «Unser Rugbyspiel selbst aber gab Euch die Freude am Kampf, die Freude an Entbehrung, die Freude an Gefahr und endlich die Freude am Sieg! Jede Anstrengung wurde zur Lust! Wenn die Lungen jagten und das Herz in höchster Anstrengung zu zerspringen drohte, dann spürtet Ihr den Rausch der Leistung! Schmerz verwandelte sich in Stolz, ob es die Tritte gegen das Schienbein oder die Schläge gegen den Kopf oder die Schmerzen an Haut und Gelenken oder die Schrammen im Gesicht waren! Nur der härteste Kampf reizte Euch, nur der galt als vollwertig, der die härtesten Rugby-Kämpfe mannhaft bestanden hatte. – Wer will schliesslich daran vorbeisehen, dass in Euren Leistungen ein Stück Rugby-sportlichen Wagemutes steckt, und wir wissen, dass es kein Zufall ist, wenn unter den mit dem Eisernen Kreuz Ausgezeichneten sich 5 aktive Spieler unserer kleinen Rugby-Abt. befinden.»

Rugbysport zur Schulung soldatischer Tugenden? Ganz so eng darf man das freilich nicht sehen. Die Wehrertüchtigung war eher ein Nebenprodukt. Rugby fördert generell Eigenschaften, die einen Menschen aktiv, stark, mutig und – heute würde man sagen – teamfähig machen, da es besonders beim Rugby entscheidend auf das exakte Zusammenwirken aller Spieler ankommt. Dass diese Tugenden auch für die Wehrmacht nützlich sind, ist offensichtlich, war aber ganz sicher für niemanden in der Abteilung ein Motiv, diesen schönen Sport auszuüben.

Ein ausserordentlich bedeutsamer Leitgedanke, der sich wie ein roter Faden durch alle Ausgaben der Feldpost zieht, ist das Band der Freundschaft und Kameradschaft, das die Ruggers miteinander verband. Die Überzeugung und Treue, mit der diese Kameradschaft gelebt und praktiziert wurde, ist bewunderungswürdig. Man ging miteinander durch dick und dünn, und nichts, aber auch gar nichts, konnte dieser Freundschaft etwas anhaben. Sie ist von Nr. 1 bis 82 der Feldpost spürbar und war der Kitt, der diese Gemeinschaft zusammenhielt in all den schweren Jahren des 2. Weltkrieges, diejenigen im «grauen Rock» an der Front oder in der Etappe und die immer weniger werdenden in der Heimat. Wenn ein Redakteur der Feldpost oder der Abteilungsleiter aus beruflichen Gründen oder weil er eingezogen wurde, seine Aufgabe nicht mehr erfüllen konnte, war sofort jemand da, der in die Bresche sprang, ohne viel Aufhebens davon zu machen. Alle waren sich einig: Ohne den steten Informationsaustausch durch die Feldpost wäre der grosse Zusammenhalt in schwerer Zeit nicht möglich gewesen.

Helmut Wilken bringt das so zum Ausdruck (Nr. 58, S. 7f): «Wenn es auch den einen oder anderen von uns oft hart anpackte und durchrüttelte, unserem geschlossenen Ganzen machte es nichts aus. Waren die Zeiten hart, so waren wir eben härter. Und dennoch kann man wohl heute auch getrost sagen, dass kaum andere besser Feste zu feiern verstanden als wir. Vielleicht deshalb, weil die äusseren Mittel dazu oft fehlten, vielleicht auch deshalb, weil die Freude des Anderen auch die eigene war. Keiner von uns, die wir heute noch mit Leib und Seele unserer Abteilung anhängen, kann sich wohl des Gefühls erwehren, dass diese gemeinsam verlebten Jahre bestimmend für sein ganzes weiteres Leben geworden sind.»

Vielleicht erklärt dies auch den hohen Stellenwert und die minutiösen Schilderungen der häufigen Trinkgelage, die selbst unter erschwerten Bedingungen stattfanden, wenn immer die Freunde und Kameraden sich trafen und eine Gelegenheit bestand. Wenn man die einzelnen Berichte mit detaillierten Beschreibungen liest, empfindet man diesen Ausdruck freilich noch als viel zu milde. Saufgelage wäre bisweilen richtiger in Anbetracht der zu sich genommenen Menge alkoholischer Getränke mit einer besonderen Vorliebe für Pils und Kirsch, gewürzt – soweit vorhanden – mit einer guten Brasil. Aber in der Selbstwahrnehmung waren das Kameradschaftsabende, feuchtfröhliche Runden zur Kameradschaftspflege. Gott sei Dank bewegte man sich damals per Strassenbahn, zu Fuss oder allenfalls per Fahrrad, so dass der Heimweg nicht die gleiche Problematik hatte wie heute. Allerdings ist mir unbekannt, ob es damals bereits eine Promille-Grenze gab, die eventuell die Radfahrer hätten beachten müssen.

Wenn auch nur der Anflug eines schlechten Gewissens vorhanden gewesen wäre, hätte man diese Kameradschaftsabende in der Feldpost sicherlich etwas zurückhaltender geschildert. Zum Selbstbild der Eintracht-Rugbyspieler jener Zeit gehörte aber offenkundig die Vorstellung, dass ein rechtes «Mannsbild» (und zu dieser Kategorie zählten sich die Rugbyspieler) auch trinkfest zu sein habe. Deshalb waren diese Saufgelage für die Ruggers die natürlichste Sache der Welt. Es sind aber doch zwei Dinge zu beachten: Erstens, am anderen Morgen geht man pünktlich zur Arbeit und den unvermeidlichen Kater erträgt man mannhaft, ohne zu jammern. Zweitens, auch unter dem Einfluss erheblicher Alkoholmengen bewahrt man Haltung.

Den zweiten Gesichtspunkt illustriert ein Bericht von Luddi Leunig aus Norwegen (Nr. 30, S. 4), der auszugsweise wiedergegeben sei: «Zuvor erlebte ich meine 2. Kriegsweihnachten und Neujahr innerhalb der Kompanie. So stimmungsvoll z. B. das Weihnachtsfest begann, so schlimm endete es. Alles war voll und haltlos wurde alles demoliert, was zu demolieren war. *In der Rugbyabteilung ist doch, auch wenn mal gesoffen wird, noch Haltung und Anstand und Fröhlichkeit.* [Hervorhebung von mir, M. L.] Das war das, was ich hier vermisste und was mir diese Feiern verleidete. Ist das deutsch?» Die letzte Frage kann ich nicht beantworten, aber so viel ist klar: Wenn die Rugbykameraden «gesoffen» haben, dann mit Anstand und Stil!

Freilich löste sich das Problem, wenn es denn eines war, im Laufe des

Krieges von selbst. Die Versorgungsschwierigkeiten nahmen kontinuierlich zu und verschonten auch die alkoholischen Getränke nicht, so dass die Kameraden manchmal wider Willen zu Abstinenzlern wurden.

Nach dem oben Gesagten dürfte eines nicht überraschen: Bei dem Freundeskreis handelt es sich um einen ausgeprägten Männerbund. Vermutlich entspricht dies einem tiefen männlichen Bedürfnis, zumindest aber dem der Ruggers. Wenn man sich in Gesellschaft weiblicher Wesen befindet, ist man Kavalier und benimmt sich entsprechend. Der Mann sucht deshalb einen Rahmen, wo er einmal unter sich sein und all die Benimm-Regeln und das ganze Theater der guten Erziehung vergessen kann, wo er freier in der Wortwahl ist und beim Erzählen von Witzen nicht ängstlich überlegen muss, ob dieser oder jener auch den Damen zumutbar ist. Die Kameradschaftsabende haben diesem Bedürfnis entsprochen, und wenn jemand einmal seine Frau, Braut oder Freundin mitbrachte, dann wurde ihm anschliessend zwar humorvoll, aber deutlich zu verstehen gegeben, dass er wohl «unter dem Pantoffel» stehe.

In weiten Teilen ist die Feldpost in der freien Sprache eines Männerbundes geschrieben. Einige Nummern enthalten aus diesem Grund den Hinweis «Nur für Herren». Durchzuhalten war das natürlich nicht, zumal ja Sekretärinnen beim Abschreiben der Texte behilflich waren. Ob es seinen Zweck erfüllt hat, ist auch fraglich. Im Zweifel waren die Texte durch diesen Hinweis für die Damenwelt umso interessanter.

Das weibliche Geschlecht hat sich inzwischen von der damaligen Geschlechterrolle emanzipiert (und spielt unterdessen sogar Rugby), was – richtig verstanden – auch den Männern das Leben leichter machen sollte. Auf die vornehme Zurückhaltung vergangener Zeiten kann nunmehr verzichtet werden. Daher sei ohne falsche Rücksichtnahme auf die heutigen Leserinnen und ohne schlechtes Gewissen ein Witz aus Nr. 14, S. 7, zitiert, der – pars pro toto – deutlich machen soll, was gemeint ist.

Ein total Betrunkener kommt nach Hause und gelangt mit Mühe und Not in sein Schlafzimmer. Hier wurde ihm zum wiederholten Mal übel, und in seiner letzten Erleuchtung stiess er das Fenster auf und besudelte die Strasse. Leider war zufällig jemand unterwegs, der einen Teil auf den Hut bekam. Grosses Geschrei war die Folge: «Wie kommen Sie dazu, mich so zuzurichten?» Daraufhin antwortete ihm der Betrunkene: «Ja, sagen Sie mal, wie kommen Sie denn in meinen Eimer?» Ein solcher Witz mag nicht überall ankommen. Bei den damaligen Rugby-Freunden war ihm jedoch der Beifall sicher.

Zu dem Gesagten passt ein Auszug aus Rudolf Sengers Rugby-Epos, gedichtet zum 20-jährigen Jubiläum der Rugby-Abteilung (Nr. 58, S. 3f):

«Wenn wir nach heissen Kämpfen und verbiss'nen Schlachten
Mit dem geliebten eiesrunden Ball
Den Tag zur Nacht, die Nacht zum Tage machten
Mit frohem Sang und lust'gem Redeschwall,

Wenn Sauerkraut und stolz geblähte Lucaswürste
Erschienen dampfend auf der Tafelrunde
Und Ruggers Schlund war rauh wie eine Bürste
Ging eine Buddel Kirsch von Mund zu Munde,

Und wenn gar noch die Liedlein klangen
Vom ‹Dreckisch Menschle› und vom ‹Scheuerlappen›
Dann war's, als ob die Herzen selber sangen
Und uns der Teufel ritt auf schwarzen Rappen,

Dann war es auch dem letzten klar,
Der noch verzweifelt an der Schürze hing:
Wo tagt der Ruggers wild gewordene Schar
Ist fehl am Platz ein bunter Schmetterling!»

4 Sportberichterstattung in der Feldpost

Der Rugbysport war gleichsam das verbindende Glied, das gemeinsame Interessengebiet und der Grund, warum die Rugbykameraden zusammen gefunden hatten. Rugby blieb auch für die Soldaten an der Front eine Herzensangelegenheit. Sie hatten immer den grossen Wunsch, während eines Fronturlaubs wieder einmal an einem Rugbyspiel teilnehmen zu können. Infolgedessen war die Berichterstattung über rugbysportliche Aktivitäten allgemein und ganz besonders natürlich über Training und Spiele der Eintracht Ruggers ein Kernanliegen der Feldpost.

Als Sportler und Eintrachtler interessierten sie sich freilich auch für andere Sportveranstaltungen und Ergebnisse, die die Eintracht betrafen, und auch hier versuchte die Feldpost, das Informationsbedürfnis ihrer Leser zu befriedigen.

In den ersten Kriegsjahren war die sportliche Betätigung der Ruggers noch vergleichsweise rege, wie aus der Feldpost ersichtlich ist. Da wichtige Mannschaftsstützen bereits zu Beginn des Krieges zu den Waffen gerufen wurden, war es jedoch für die Rugby-Abteilung von Anfang an schwierig, eine komplette und schlagkräftige Mannschaft zu stellen. Aber auch die Gegner hatten mit ähnlichen Schwierigkeiten zu kämpfen. Welche Mannschaft durch das kriegsbedingte Fehlen wichtiger Spieler wie stark geschwächt sei, spielte in der Sportberichterstattung regelmässig eine grosse Rolle.

Deswegen bestanden in der Kriegszeit offenbar auch grosszügige Möglichkeiten, sogenannte Gastspieler von auswärtigen Vereinen einzusetzen oder sogar «Kriegsspielgemeinschaften» zu gründen, im Rugby wie auch in anderen Sportarten. Es scheint auch, dass die Verbände bestrebt waren, vermehrt Spiele von Auswahlmannschaften zu organisieren. So bestanden während des Krieges Spielgelegenheiten, auch wenn einzelne Vereine nicht mehr in der Lage waren, eigene Mannschaften auf die Beine zu stellen.

1940 sollte die Rugby-Gaumeisterschaft in Anbetracht der geringen Teilnehmerzahl in je zwei Vor- und Rückspielen ausgetragen werden. Zum ersten Spiel gegen den Sportclub 1880 am 10. März konnte die Eintracht eine fast «friedensmässige» Mannschaft ohne

Gastspieler stellen (Nr. 16, S. 2) und den Altmeister hoch mit 45 : 5 schlagen, so hoch wie noch nie zuvor. Der SC 1880 sagte daraufhin kurzfristig das am 17. März geplante Rückspiel ab, was zu einem sehr kritischen Kommentar in der Feldpost mit der Überschrift «Fair Play!» führte (Nr. 17, S. 1). Am 7. April standen sich die beiden Mannschaften zum dritten Spiel gegenüber und wieder konnte die Eintracht den SC 1880 bezwingen, wenngleich mit 16 : 3 etwas weniger deutlich. Damit war die Gaumeisterschaft bereits vorzeitig zugunsten der Eintracht entschieden. Da die Spiele gegen die Ortsrivalen «jenseits des Friedhofs», immer einen besonderen Reiz ausübten, war die Freude bei der Eintracht entsprechend gross. Obwohl nur mit 13 Mann spielend, gewann die Eintracht schliesslich auch das vierte Spiel gegen den Sportclub 1880 mit 18 : 0 Punkten.

Am 19. Mai stand dann auf dem Sportplatz an der Adickes Allee das Zwischenrundenspiel um die Deutsche Meisterschaft gegen den S.C. Heidelberg-Neuenheim an. Die Eintracht konnte trotz erheblicher Aufstellungssorgen eine verhältnismässig starke Mannschaft unter Einbezug aller erreichbaren Soldaten aufstellen und sich an einem klaren 20 : 0 Sieg erfreuen. «Eigentlich wären wir jetzt», schreibt die Feldpost, «nach dem früheren Mass gemessen, Süddeutscher Meister» (Nr. 21, S. 3). Wichtiger aber war, dass die Eintracht 17 Jahre nach Gründung der Rugby-Abteilung zum ersten Mal im Endspiel um die Deutsche Rugbymeisterschaft stand. Gegner war der S.C. Linden 1897 Hannover, der sich durch einen 21 : 6 Sieg gegen B.S.G. Siemens Berlin qualifiziert hatte.

Im Hindenburg-Stadion in Hannover unterlag die Eintracht am 26. Mai im Endspiel um die 25. Deutsche Rugbymeisterschaft vor 3000 Zuschauern den Hannoveranern mit 19 : 6, obwohl, wie die Presse schreibt, die Frankfurter sich während des ganzen Spiels als gleichwertig erwiesen hatten. Die renommierte und überregionale Frankfurter Zeitung wies darauf hin, dass die Eintracht eine Reihe von im Militärdienst stehender Spieler einsetzen musste (Nr. 22, S. 2), denen es an Training mangelte, und deshalb am Schluss die grössere Kraft der Hannoveraner den Ausschlag gab. Dennoch war das Erreichen des Endspiels ein grosser Erfolg für die Eintracht, der grösste in der bis dahin 17-jährigen Geschichte der Rugby-Abteilung.

F E L D P O S T .

Nachrichten der Rugby-Abteilung der Frankfurter Sportgemeinde
»Eintracht« e.V. für Front und Heimat.

Glossen

zum Endspiel um die Deutsche Rugby-Meisterschaft 1940.

Wenn man nach Wochen aufregender Vorbereitungen und nach Beendigung des 80
Minuten langen nervenaufpeitschenden Kampfes in ruhiger Nachtfahrt die Gedanken sammeln kann, kommt man zu folgenden nüchternen und sachlichen - durchaus nicht uninteressanten - Feststellungen.

Unser grösster Fehler: Wir haben den Gegner überschätzt.

Unsere schlechteste Information: die Hintermannschaft des Gegners sei die
Stärke der Mannschaft. (Die Mitteilung Helmut Wilkens, dass -trotz der inte-
nationalen Dreiviertelreihe - der Sturm der Hannoveraner viel besser sei,
traf leider zu spät ein.)

Gegners grösster Vorteil: Um ins Endspiel zu kommen, hatten wir 4 (vier
Spiele zu absolvieren, während der Meister von Niedersachsen 22 (zweiundzwa-
zig!!) schwere Spiele hinter sich hatte, die der Mannschaft neben Härte und
Stehvermögen eine ausgefeilte, reife Spielerfahrung schufen.

Unser grösster Nachteil: Wir hatten an 5 Spielsonntagen 5 verschiedene Mannschaften stehen, da wir ständig Ausfälle an Soldaten hatten, während der Ge-
ner ständig komplett spielen konnte.(die Spieler seiner I.Mannschaft sind
ausnahmslos reklamierte Gefolgschaftsmitglieder von W.- und R.-Betrieben.)

Unser grösstes Handicap: Nach 2 Minuten stand das Spiel 0:3 nach 10 Minuten
0:6 - beides Mal durch Straftritte wegen Abseits - für den Gegner.

Die grösste Ueberraschung: B½g 5 Minuten vor Halbzeit stand das Spiel bei
ständigen Angriffen unsererseits wieder unentschieden.

Die eigentliche Ursache der Niederlage: die zeitigen Verletzungen von Karl
Kurt Schmidt, sowie von Fips Wagner; die Hintermannschaft kam dadurch nicht
zum Laufen.

Die grösste Chance: hatte Kurt Schmidt - wenn er nicht verletzt gewesen wär
Der Gegner stand immer flach gestaffelt; der Verbindungshalb war 39 Jahre
und langsam. Kurt Schmidt in gesundem Zustand wäre hier 10 mal durchge-
brochen, was zweifellos einige Punkte gebracht hätte.

Unsere grösste Ueberlegenheit: der Sturm im offenen Feldspiel.

Unsere grösste Schwäche: die Gasse; die zwei entscheidenden Versuche des Ge-
ners wurden von der Gasse aus eingeleitet.

Der beste Spieler auf dem Platz: Anerkannt vom Gegner, Publikum und Presse:
- Ludwig Düring.

Die grösste Enttäuschung: die internationale Dreiviertelreihe der Hannover:
ner. Sie kam nicht einmal durch und wurde - trotz der Verletzungen - von u:
serer Hintermannschaft sicher gehalten.

Die schönste Haltung: wie Walter Pfleger, als er - wegen allzu geringen Ge-
wichts - vor dem Spiel durch Ludwig Müller ersetzt wurde, sein, für ihn so
schmerzliches, Herausnehmen aus der Mannschaft hinnahm

Der nervöseste Zuschauer: Paul Leunig von der Sektion Düsseldorf; er hat
höchstens nur den vierten Teil des Spieles gesehen.

Das unterschiedlichste Nachtquartier: die Mannschaft im Stadion auf Feldbet
ten; August Presser mit Frau im Hotel auf Daunendecken.

Auszug aus Feldpost Nr. 22 vom 8. Juni 1940 (Abb. 5)

Nach diesem Grosserfolg kam der Rugbysport in Frankfurt mangels Gegnern und verfügbarer eigener Spieler allerdings für die restlichen Kriegsjahre praktisch zum Erliegen. Hingegen herrschte vorerst noch ziemlich reger Spielbetrieb in den Rugby-Hochburgen Heidelberg, Hannover, Berlin, und es gab einige Auswahlspiele, an denen auch Spieler der Eintracht teilnahmen. Die Feldpost meldete, da es von der Rugby-Eintracht nichts zu berichten gab, regelmässig die Ergebnisse dieser Schauplätze oder druckte von Zeit zu Zeit interessante Grundsatzartikel der Deutschen Rugby-Zeitung ab. Besonders die Berliner Spiele fanden in der Feldpost Beachtung, waren dort doch die Eintrachtler Fritz von Artus, Rudolf Studzinski, Helmut Wilken, Walter Molnar und Jakob Meinhardt zeitweise als Gastspieler aktiv und belieferten die Feldpost mit Berichten und Kommentaren.

Erst ab Frühjahr 1946, fast ein Jahr nach Kriegsende, finden wieder Rugbyspiele in Frankfurt statt mit Spielern, die das Glück hatten, das grosse Blutvergiessen heil überstanden zu haben.

Aber zurück zur Sportberichterstattung der Feldpost während des Krieges. 1943 konnte die Rugby-Abteilung der Eintracht ihr 20-jähriges Bestehen feiern. In Nr. 58 vom Oktober dieses Jahres sowie teilweise noch in Nr. 59 finden sich Rückblicke auf die ersten 20 Jahre Rugby-Geschichte der Eintracht in Form von Erinnerungen, Würdigungen, Gratulationen, ja sogar in Form eines von Rudolf Senger verfassten Rugby-Epos, von dem weiter oben schon einige Verse zitiert wurden. Wie man liest, hatte Eintracht-Leichtathlet Friedel Söhngen bei einem Auslandsstart in Göteborg Kontakte zu zahlreichen ausländischen Leichtathleten, die im Winter Rugby als Ausgleichssport betrieben. Dadurch inspiriert setzten Eintracht-Leichtathleten mit Hilfe einiger Handballer und Boxer, jedoch wie es heisst gegen den Widerstand des damaligen Vorstandes der Eintracht, die Gründung der Rugby-Abteilung durch. Das erste Wettspiel am 19. Oktober 1923 fand aber noch unter der Flagge der Leichtathletik-Abteilung statt.

Frankfurt a.M., im Oktober 1943.

Pepa

FELDPOST

Nachrichten der Rugby-Abteilung der Frankfurter Sportgemeinde
"EINTRACHT" e.V. für Front und Heimat.

20 Jahre Rugby-Abteilung.

Als Friedel Söhngen im Spätsommer des Jahres 1923 von einem erfolgreichen Start deutscher Leichtathleten in Göteborg zurückkehrte, berichtete er seinen Kameraden, dass zahlreiche ausländische Leichtathleten im Winter als ergänzenden Sport dem Rugbyspiel huldigten. Bekannte Leichtathleten wie F. Söhngen, A. Angstmann, F. Reis, F. Angstmann, H. Trossbach, R. Brubacher, H. Gentsch, H. Lind, H. Söhngen, H. Hennig, F. Lucas, L. Leunig, K. Einwächter sowie einige Anhänger der Leichtathleten waren die ersten Rugby-Fanatiker, die den Widerstand des Vorstandes der Eintracht gegen die neue Abteilung brachen. August Raab, ein alter Rugbyspieler übernahm das Training der Abteilung, die inzwischen durch einige Handballer und Boxer verstärkt wurde.

Am 19. Oktober 1923 fand das erste Wettspiel der Abteilung statt. Es fand noch unter der Flagge der Leichtathletik-Abteilung statt. Der Platz an der Rosseger-Strasse wurde die Heimstätte der Abteilung. Hier wurde der Grundstein für die weitere Entwicklung der Abteilung gelegt. Kameradschaft, Zusammenhalten durch Dick und Dünn, eifriges Training und gesellschaftliches Näherkommen waren die Faktoren, die unsere Abteilung später stark in den Vordergrund treten liessen.

In zweiten Jahre ihres Bestehens beteiligte sich die Mannschaft erstmals an den Meisterschaftsspielen. Hinter dem damals zur Extraklasse gehörenden Sportclub 1880 konnte hier der zweite Platz belegt werden. Zähe zielbewusste Arbeit liess jeden Rückschlag überwinden. In stetiger Aufwärtsentwicklung gelang so im Jahre 1932, als der Ruf der Abteilung im Reich schon fest gegründet war, der erste Sieg über dengrossen Lokalgegner SC. 1880. Unter der fruchtbaren Arbeit von Fritz Lucas gelang dann in der Saison 1937/38 auch der grosse Wurf, die 80er in den Meisterschaftskämpfen zu enttronen. Der Titel wurde in den folgenden Jahren erfolgreich verteidigt.

Bei den Spielen um die Deutsche Meisterschaft scheiterten wir in der Saison 1937/38 in der Zwischenrunde an dem nachmaligen Deutschen Meister Volkssport Hannover und im folgenden Jahre ebenfalls in der Zwischenrunde knapp gegen SC. Neuenheim-Heidelberg. Im folgenden Jahre konnten wir bis ins Endspiel vorzudringen. Hier lieferten wir

Auszug aus Feldpost Nr. 58 vom Oktober 1943 (Abb. 6)

Schaut man auf die Gründungsgeschichte der Rugby-Abteilung, so ist das Interesse der Ruggers für die übrigen bei der Eintracht betriebenen Sportarten keineswegs überraschend. Die Feldpost behielt neben dem Rugby-Sport stets auch die anderen Sportarten im Auge und informierte über die Spiele bzw. Ergebnisse der Fussballer, Leichtathleten, Handballer und Hockeyspieler. Als es in den letzten Kriegsjahren immer weniger über Rugby zu berichten gab, standen diese Sportereignisse sogar im Vordergrund. Neben Fussball-Ergebnissen enthält die Feldpost beispielsweise Informationen zu den Erfolgen der Eintracht bei den Deutschen Leichtathletikmeisterschaften 1943, zur Deutschen Meisterschaft der Handball-Damen im gleichen Jahr und in Nr. 59 (Wo steht die Eintracht?) einen Überblick über alle Abteilungen im fünften Kriegsjahr. Selbst das Protokoll einer Mitglieder-Versammlung des Gesamtvereins am 28. Juli 1941 unter der Leitung des stellvertretenden «Vereinsführers» Gentil wurde auszugsweise in der Feldpost veröffentlicht (Nr. 38, S. 1ff). Dies alles war auch deshalb sinnvoll, weil die Vereinszeitung des Gesamtvereins, wie erwähnt, ab Mai 1941 nicht mehr erscheinen durfte und so eine Lücke vorhanden war, die es auszufüllen galt.

Themen waren auch Sportplatz und Tribüne des alten Riederwaldstadions. Zunächst wird die Unterbringung russischer Arbeiter in der Tribüne kritisiert. In Feldpost Nr. 51 vom September 1942 findet sich dazu auf Seite 17 folgende Bemerkung: «[...] Ärgerlich ist schon [...] die Tatsache, dass unsere mit so erheblichen Kosten erstellte Tribüne von russischen Arbeitern belegt wird. Wie das in Kürze dort aussehen wird, kann sich jeder leicht selbst ausmalen. Zwar haben wir drei Jahre Krieg, doch sind solche Massnahmen einfach unverständlich.» Später wird über die Zerstörung der Tribüne beim grossen Flieger-Angriff auf Frankfurt in der Nacht vom 4. auf den 5. Oktober 1943 und bei weiteren Angriffen informiert. Auch die nachfolgende Verwendung des Sportplatzes als Abladeplatz für die Trümmer der durch Bomben zerstörten Häuser erfährt man durch die Feldpost.

Tribüne vor der Zerstörung (Abb. 7)   **Foto: Archiv Eintracht Frankfurt**

Zerstörtes Vereinsgelände (Abb.8)   **Foto: Archiv Eintracht Frankfurt**

Die Rugbyspieler hofften natürlich, die Sportstätte nach dem Krieg wieder instand stellen und nutzen zu können. Sie konnten damals noch nicht wissen, dass die Lagerung der Trümmer auf den Spielfeldern der Anfang vom Ende dieses traditionsreichen Sportstadions bedeutete. Daraus folgte nämlich nach dem Krieg die Ansiedelung der Trümmerverwertungsgesellschaft auf dem Sportgelände. Die Eintracht wurde für viele Jahre heimatlos bis in den Fünfziger Jahren der neue Riederwald-Sportplatz am Erlenbruch erstellt werden konnte.

Das Schuttabladen **1b**

Bekanntmachung

1. Das Abladen von Trümmer- und Bauschutt in den Straßen, auf öffentlichen Plätzen und Anlagen ist verboten

2. Ferner ist das Abladen jeglicher Art Trümmerschutt und Abfälle auf dem Gelände der Messe- und Ausstellungsgesellschaft, zwischen Bismarckallee, Philipp-Reiß-Straße und Dammgraben mit sofortiger Wirkung verboten.

3. Anfallender Bauschutt usw. ist bis auf weiteres auf dem Eintracht-Sportplatz abzuladen. Vorherige Genehmigung der Trümmer-Verwertungs-Gesellschaft, Kaiserstraße 48, I., Fernsprecher 76041/42, ist erforderlich.

Frankfurt a. M., den 12. Juni 1946.

Der Oberbürgermeister
T. — Straßenbauamt.

(Abb. 9)   **Foto: Archiv Eintracht Frankfurt**

Man erfährt aber auch Kurioses. Wer hätte z. B. gedacht, dass Eintracht und Fussballsportverein (FSV) in der Saison 1944/45 als Kriegsspielgemeinschaft (KSG) mit einer gemeinsamen Mannschaft an den Verbandsspielen teilnahmen. Ein sehr gewöhnungsbedürftiger Gedanke angesichts der grossen Rivalität zwischen Eintracht und FSV in den Jahren nach dem zweiten Weltkrieg, die ich als Kind und Jugendlicher sehr intensiv miterlebt habe. Wäre das den Anhängern der beiden Vereine in der Nachkriegszeit bewusst gewesen, wären sie vielleicht freundschaftlicher miteinander umgegangen.

5 Das Kriegsgeschehen im Spiegel der Feldpost

5.1 Die Ruggers in der Wehrmacht | Ein Schwerpunkt der Feldpost-Ausgaben ist jeweils die Rubrik «Von Kamerad zu Kamerad» mit den Briefberichten der Soldaten an der Front oder in der Garnison. Mit ihren Mitteilungen oder Berichten geben sie manchmal nur ein kurzes Lebenszeichen von sich, gelegentlich aber schildern sie das Geschehen an der Front und ihre persönlichen Erlebnisse in sehr eindringlicher Weise. Man versteht dann, was es heisst, Soldat zu sein in der kämpfenden Truppe mit unmittelbarer Feindberührung. So sind die Leser der Feldpost zu Hause oder an der Front während des ganzen Krieges verhältnismässig gut darüber informiert, wo sich die einzelnen Rugby-Kameraden jeweils befinden und wie es ihnen geht.

Im Grunde muss man die Berichterstatter in zwei Gruppen oder Kategorien einteilen. Einerseits die «Schreibfaulen», die von der Redaktion immer wieder gemahnt werden mussten, sich wenigstens ab und zu wieder einmal zu melden. Andererseits diejenigen, die in schöner Regelmässigkeit lebhaft und interessant von ihren Fronterlebnissen zu berichten wussten und die, selbst wenn sie in Kampfhandlungen verwickelt waren, noch eine Gelegenheit fanden, der Feldpost einen Bericht zu schicken. Insofern hatte die Feldpost vermutlich mehr «Korrespondenten» an den verschiedenen Fronten des 2. Weltkrieges als manche renommierte Tageszeitung. Vor allem hatte die Feldpost Berichterstatter, die als Soldaten unmittelbar an Kampfhandlungen beteiligt waren, nicht nur, wie es heute heisst «Embedded Journalists», die als Zivilisten nicht selber an den Gefechten teilnehmen.

Anhand der Meldungen kann man den Ablauf des Krieges nachvollziehen. Zunächst kommen sie aus Polen, dann ist Willi Hahn am Vormarsch durch Luxemburg und Belgien nach Frankreich beteiligt und bittet Hans Wilken, seinen Stadtplan von Paris gut aufzuheben (Nr. 22, S. 4), da er noch benötigt werde. Karl Presser schickt Nachrichten und Tabakwaren aus dem besetzten Holland. Luddi Leunig geht die Stein- und Eiswüste Norwegens auf die Nerven und insbesondere die strapaziösen Märsche, die dort alle paar Tage auf dem Programm stehen (Nr. 32, S. 6). Die physischen Strapazen scheinen aber ungeahnte geistige Höhenflüge ausgelöst zu haben, denn Luddi Leunig zitiert die folgende kulturpreisverdächtige Landser-Lyrik, die er und seine Kameraden als Refrain bei ihren Märschen in Norwegen sangen:

«Wir werden weiter marschieren,
wenn Scheisse vom Himmel fällt.
Wir wollen Heim nach Deutschland,
Stavanger liegt am Arsch der Welt»

Auch die Luftangriffe auf England sind ein Thema. Helmut Grabke, als Pilot an der Westfront eingesetzt, schreibt am 12. Juli 1940 (Nr. 24, S. 3) folgendes: «Mein Wunsch nach Amsterdam und Antwerpen auch Colombes zu sehen, ging am 3. 6. in Erfüllung. Über 3000 Flugzeuge waren an diesem Tage über Paris und halfen die Entscheidung einzuleiten, die dann nach unserer Verlegung nach Merville bei Lille in nochmaligen Einsätzen am Tage herbeigeführt wurde. Es dürfte über den Rahmen dieses Briefes hinausgehen, auch nur einen geringen Teil der Erlebnisse und Empfindungen festzuhalten, die mich auf meinen Fernflügen erfüllen. Denk nur an die Wochenschauen, an die Rauchwolken über Dünkirchen, Rouen und Le Havre. Rotterdam liegt schon so weit zurück, dass ich's gar nicht mehr erwähne, - und stellt Euch vor, dass Euer Kamerad Helmut hier überall mittendrin gesteckt hat, sein Ziel fand und immer durch ein gütiges Schicksal heil herauskam, wenn auch zweimal nur mit einem Motor.

Nun geht's mit Vollgas über den Bach! Ja, Kameraden, auch dies habe ich hinter mir. Gestern Nacht war ich zum ersten Mal in England. Ein unerhörtes Erlebnis, wenn nach Ablauf der errechneten Flugzeit die Küste erreicht sein muss, Regen an die Kanzel schlägt und dicke Wolken jede Sicht nehmen, dann zusätzlich unzählige Scheinwerfer aufflammen, um sich bei dir zu einem einzigartigen Lichtdom zu schliessen. Jede zweite Nacht geht's nun rüber, und ich vergelte nach besten Kräften, was Ihr zu Hause in Frankfurt aushalten müsst.»

Das war der letzte Bericht von Helmut Grabke, der, wie die Feldpost Nr. 25 auf der Frontseite meldete, «nach wiederholten – mit unvergleichlichem Mut und höchster Todesverachtung ausgeführten – Flügen nach England am 26. Juli 1940 für Führer und Volk den Heldentod starb.» Helmut Grabke war der erste, aber bei weitem nicht der letzte aus dem Kreis der Rugby-Spieler, der in diesem Krieg sein noch junges Leben lassen musste.

Viele der Ruggers an der Front waren, wie Helmut Grabke, unerschrockene Draufgänger, die sich von der ständigen Lebensgefahr nicht sehr beeindrucken liessen. Es gab aber auch nachdenkliche Stimmen. So schreibt Kurt Friedsam, der an der Atlantikküste eingesetzt ist, im Oktober 1940: «Es ist schade für die schöne Küste von Le Havre, denn es ist hier fast alles in Trümmern. Es vergeht keine Nacht, in der uns der Engländer nicht besucht u. Bomben abwirft» und, mit einem deutschen Angriff auf England rechnend, «[…] für uns besteht keine grosse Möglichkeit, dass wir heil aus dem Grossangriff gegen England zurückkommen» (Nr. 26, S. 8).

Im Mai 1941 offenbart Karl Schmidt einen «Gaseinsatz» der Wehrmacht in Rumänien (Nr. 34, S. 8): «Ich kam gerade noch recht, um meinen Kameraden an der Niederschlagung eines verbissenen Gegners behilflich zu sein. Da wir uns der …zigfachen Übermacht nicht mehr erwehren konnten, sahen wir uns gezwungen, den Krieg in seiner grausamsten Form, nämlich mit Gas zu führen. Es gelang uns die Wanzen in unserer neuen Unterkunft, einer rumänischen Kaserne nächst der russischen Grenze, einigermassen zu dezimieren.»

Ab Mitte des Jahres 1941 steht der Ostfeldzug der deutschen Wehrmacht im Vordergrund. Die Reaktionen der Frontsoldaten sind gemischt. Man bedauert, dass der Traum vom Kriegsende nun aus ist (Hermann Peter, Nr. 37, S. 6) und der Krieg jetzt leider wieder eine Erweiterung erfahren hat, hofft aber dennoch auf ein schnelles siegreiches Ende (Jakob Meinhardt, Nr. 37, S. 7) und die notwendige Klärung der Lage im Osten (Hans Braun, Nr. 37, S. 5) oder betrachtet den Krieg gegen Russland als Notwendigkeit (Fritz Lucas, Nr. 46, S. 2).

Aus den Berichten der zahlreichen an der Ostfront eingesetzten Rugby-Kameraden wird eine neue Dimension der Kämpfe deutlich: Grausamkeiten, Kriegsgräuel, mörderische Gefechte, Himmelfahrtskommandos, unhaltbare Zustände, Opfer und Soldatengräber sind Stichworte. Betroffen macht auch der Hinweis von Walter Gross (Nr. 37, S. 9) auf das Schicksal der jüdischen Bevölkerung: «Elende Dörfer, teils abgebrannt, teils unversehrt. Die eine Stadt, die wir bis jetzt durchquerten, machte noch einen ganz ordentlichen Eindruck. Die Landser stürmten natürlich sofort in die noch offenen Läden. Aber es ist nicht viel los mit Kaufen. Die Juden haben ihre Läden dicht gemacht und sind getürmt, soweit sie nicht von den Einwohnern hier an die Wand gestellt wurden.»

Im Oktober 1941 («Wo ist die ‹Front› im Osten?») beschreibt Fritz Lucas, der alte Rugby-Stratege, die Eigenart des deutschen Vormarsches. Er richtet den Blick auf das grosse Ganze, erzählt aber auch vom Elend in der Stadt Pleskau (Nr. 40, S. 1 und 5).

Welche Anstrengungen und Entbehrungen von den deutschen Soldaten verlangt wurden, zeigt ein Bericht von Hans Braun in der gleichen Ausgabe der Feldpost (S. 8): «Mein jetziges Regiment ist seit sechs Wochen täglich in kleinere und grosse Gefechte verwickelt gewesen und steht heute noch stündlich am Feind. Dabei kommt man aber auch nie in ein Dorf oder ein Städtchen. Was da war, ist vernichtet. Seit acht Tagen habe ich mich weder gewaschen noch rasiert. Seit acht Tagen habe ich noch keine Nacht durchgeschlafen. Die Kämpfe und Strapazen stehen den Männern tief ins Gesicht geschnitten, und wenn Du das kleine Häuflein siehst, das von der Kompanie noch da ist, dann kannst Du vielleicht ungefähr ermessen, was deutsche Soldaten im Osten leisten müssen.»

Auch die folgende dramatische Schilderung eines Gefechts von Hans Braun (Nr. 40, S. 13), lässt erahnen, wie es bei den Kämpfen um Sein oder Nicht-Sein geht – in des Wortes wahrster Bedeutung: «Wir waren morgens zum Angriff angetreten, stiessen aber vollkommen ins Leere und fanden nur verlassene Wälder. Auch ausgeschickte Spähtrupps konnten bis in 3 km Entfernung nichts mehr vom Feinde feststellen. Kurz entschlossen sammelte sich daher unser Bataillon auf der Strasse und trat einfach den Vormarsch an. Meine Kompanie war Spitzenkompanie und ich mit meinem Zug bildete die Infanterie-Spitze. Das ist ein wunderbares Gefühl, wenn man, ohne jede Sicherung, freiweg rechts und links des Strassengrabens vorgeht und nur darauf wartet, angeschossen zu werden. Als die Strasse wieder einmal durch einen Wald führte, dachte ich mir schon, jetzt kommt was. Und kaum war ich mit meinem Gedanken zu Ende, da schlug uns ein Feuer entgegen, dass uns Hören und Sehen verging. Trotz sorgfältigster Beobachtung hatte niemand von uns die beiden rechts und links von der Strasse prima eingebauten russischen S.M.G. gesehen. Die Burschen liessen uns bis auf 20 m (!!!) herankommen. Aber das war für meinen Zug das grosse Glück, denn dadurch fand ich im Strassengraben einen toten Winkel und lag in voller Deckung. Das grosse Übel war aber, dass wir nun in Handgranatenwurfweite lagen und die Russen ganz bequem ihre Eier in den Graben schicken konnten. Stell' Dir nur diese Situation vor. Den Kopf durfte man nicht über die Deckung heben, sonst sass eine M.G. Garbe drinnen. In dem Graben selbst aber detonierten die russischen Handgranaten. Zum Glück warfen die Kerle noch oft zu kurz und trafen nicht immer den Graben. Ich steckte also in einer Situation, in der man nicht mehr viel für sich gibt. Da half mir jemand, der es bestimmt nicht wollte und es auch nie wissen wird. Eine Staffel im Tiefflug ankommender Bomber, die Kurs Petersburg hatte. Aus langer Erfahrung wussten wir alle, dass das Erscheinen deutscher Flieger die Russen in Deckung bringt. Wir rechneten auch damit und im Nu hatte mein ganzer Zug Hand- und Nebelhandgranaten geworfen. Das schaffte uns Luft und dem nachfolgenden Pak [Panzerabwehrkanone] Gelegenheit, in Stellung zu gehen. Mit wenigen wohl gezielten Schüssen waren beide S.M.G. zum Schweigen gebracht. Ich zog nun meinen Zug nach rechts in den Wald und wartete das auflaufende Bataillon ab. Bis alles ran war, dämmerte es bereits und trotzdem wurde noch der Angriff auf die vor uns liegende Waldhöhe gewagt. Es entwickelte sich ein äusserst heftiges Waldgefecht bis in die Dunkelheit, und wir mussten uns schliesslich doch, nach allen Seiten sichernd, eingraben. Ein Waldgefecht dieser Art konnte ich mir vorher nie vorstellen. Rasendes M.G. und Gewehrfeuer von allen Seiten. Mit dem Gegner selbst nur Nahkampf mit Seitengewehr und Handgranate. Auf unserer Seite ein vielstimmiges Hurrah und bei den Russen das krähende Hurää. Schliesslich waren wir doch die Sieger und wagten es sogar in unseren Erdlöchern zu essen und Schnaps zu trinken, denn die Nacht war kalt und regnerisch. Laut und unheimlich klang durch die ganze Nacht der Klageruf der russischen Verwundeten. Ich hatte in meinem Zug bei dem ganzen Gefecht drei Verletzte. Ein wahres Wunder.»

«Na ja», fügt Hans Braun hinzu, «so richtig könnt Ihr in der Heimat Euch den Krieg doch nicht vorstellen.» Ich denke, da hat er Recht. Wer nicht in der gleichen Lage war, wird das ganze Ausmass der existenziellen Bedrohung, dem die Soldaten in solchen Momenten ausgesetzt sind, wie auch das Leid der Verwundeten kaum voll ermessen können. Aber dennoch liegt in solchen Schilderungen «aus erster Hand» etwas Unmittelbares und Authentisches, das in der schriftlichen Berichterstattung kaum zu übertreffen ist.

Dank der grossen Erfolge der Wehrmacht spricht aus allen Zuschriften von der Front bis zum Einbruch des Winters 1941/42 noch ungebrochene Siegeszuversicht. Man steht schliesslich kurz vor Moskau und St. Petersburg ist eingekesselt. Man erfährt durch die Feldpost aber auch, wie sehr die eisige Kälte den deutschen Soldaten und dem deutschen Kriegsmaterial zu schaffen macht. An einen weiteren Vormarsch ist vorerst nicht zu denken, aber man setzt seine Hoffnung auf den nächsten Frühling.

Langsam aber häufen sich die Hinweise, dass die deutsche Offensive doch ernsthafter ins Stocken geraden ist. Hans Braun beschreibt sehr genau (Nr. 42, S. 7f) wie der Ring um St. Petersburg im Bereich seines Frontabschnittes befestigt ist. Wenn man auf die genaue Wortwahl achtet, so liegt der Akzent allerdings auf Verteidigungsstellungen gegen Ausbruchsversuche der Russen. Im Januar 1942 nimmt Willy Meierheim schon das Wort vom «harten Abwehrkampf im Osten» in den Mund (Nr. 44, S. 12). Im Februar 1942 teilt Theo Presser mit: «Wir standen schon einmal 18 km vor Moskau. Es war uns leider nicht vergönnt, weiter vorzustossen, denn von da an begann der Rückzug» (Nr. 46, S. 5). Die verlorene Schlacht vor Moskau wird rückblickend im Allgemeinen als Kriegswende im Osten betrachtet, obwohl das seinerzeit unter dem Einfluss der deutschen Propaganda in Deutschland selber nicht so wahrgenommen wurde. Wenn auch viel von Pflichterfüllung und Kampf bis zum Sieg die Rede ist, so waren gewisse Fakten aus der Feldpostberichterstattung immerhin geeignet, den einen oder anderen Leser nachdenklich zu stimmen.

Auch Fips Wagners Schilderung einer Panzerschlacht vom 6. Juli 1942 (Nr. 50, S. 9f) verdeutlicht eine Verschiebung der Kräfteverhältnisse: «Sakoritsche soll wieder genommen werden. Wir fahren also 8½ Uhr in Bereitstellung, quer durch den Wald, die Schützen hinter uns. Nachdem wir so etliche Kubikmeter Holz umgelegt hatten, kamen wir an einen breiten abgeholzten Streifen, ca. 70 – 80 Meter breit. Durch Funk Kommando: Alles halt, Tarnen, die Schützen graben sich ein. Ich freute mich schon auf eine ruhige Nacht. 7. Juli, 2 Uhr früh, die Hölle ist los. Uns gegenüber im Wald sitzt der Russe, er feuert aus allen Rohren. Ich kann Dir sagen, das war ein Feuerzauber. Der Russe hatte uns mit doppelt so viel Panzern gegenüber gestanden, aber unsere Schüsse lagen gut, er zog sich zurück. Leider wurde links von mir ein Wagen abgeschossen, es gab einen Toten. Um 6:30 Uhr sollten wir über den Streifen vorstossen. Kaum waren wir aus dem Wald, werden wir wieder von mörderischem Feuer empfangen. Ich fahre am rechten Flügel, wir können drei Panzer ausmachen, sie werden gleich unter Feuer genommen. Wir schiessen zwei davon ab, der andere wird von unserem Nebenmann erledigt. Dann erhalten wir einen Treffer unter die Walzenblende, die er durchschlägt, und mein Ladeschütze wird verwundet. Aber weiter geht der Vorstoss, an den drei abgeschossenen Panzern vorbei an den Waldrand. Die russischen Schützen werden einfach überfahren. Am Waldrand angekommen empfängt uns wieder wüstes Pak- und Panzerkanonenfeuer, die Kompanie kommt ins Stocken, wir müssen halten. Sobald wir auf die Pläne fahren wollen, beginnt von Neuem der Zauber. Wir können Sakoritsche von hier schon sehen, es wird von einzelnen Fahrzeugen sogar schon beschossen, aber aus dem Wald können wir uns nicht herauswagen. Als ungefähr eine Stunde vergangen ist, setzt russisches Ari-Feuer ein, das auch bis Mittag anhält. Ich glaube, ich brauche Dir das nicht zu schildern, wie es uns zu Mute war. Die verfluchten Russen schossen so lange, bis wir uns zurückzogen. Wir glaubten, das ginge so einfach, unsere Schützen gingen zuerst zurück, sie stellten fest, dass uns der Russe umgangen hatte, wir waren also eingeschlossen. Das war ein Theater, wir mussten uns unbedingt durchschlagen, es ging auch, aber zuletzt standen wir wieder da, wo wir angefangen hatten.»

Während Berichte, wie der von Fips Wagner, und der vermehrte Gebrauch von Begriffen wie Verteidigungskrieg, Abwehrkämpfe, Frontverkürzung, Absetzbewegungen – eine verniedlichende Umschreibung von Rückzug – in den Briefen der Soldaten die veränderte Lage an der Ostfront andeuten, zeichnet Helmut Wilken noch im März 1943 ein – wie man heute weiss – zu optimistisches Bild (Nr. 55, S. 3): «Die Verluste, die die Bolsche-wisten in diesem Winter hatten, sind so ungeheuer, dass in diesem Jahre die Entscheidung im Osten fallen muss! Man kann heute getrost sagen, dass der Ausgang des Krieges in den letzten Monaten an einem denkbar dünnen Faden hing. Wäre es dem Russen auch nur annähernd gelungen, sein Ziel zu erreichen, hätte ihn keine Macht der Welt mehr halten können. Was hier von unserer Infanterie und unseren Panzern geleistet wurde, wird später erst zu würdigen sein. In allererster Linie stehen dabei die Männer in Stalingrad. Für uns hier draussen war es vom ersten Moment an klar, welch ungeheures Opfer sie brachten. Ihnen allein ist es zu danken, dass wir alle und somit auch die Heimat nicht überrannt wurde.»

Helmut Wilken gehörte einer PK [Propaganda-Kompanie] an. Deshalb dürfte sein Optimismus der offiziellen Analyse der Kriegssituation ent-sprechen, wie sie von Regierung, Wehrmacht und Presse verbreitet wur-de – notabene nach der verlorenen Schlacht von Stalingrad, die auch einen Wendepunkt des Ostfeldzuges darstellte. Nicht, dass er seinen Ka-meraden Sand in die Augen streuen wollte, er war wohl selbst von der Richtigkeit der Lagebeurteilung überzeugt. Unter diesen Umständen war es für die Zeitgenossen natürlich schwer, sich ein objektives und realistisches Bild vom Kriegsverlauf zu machen, wenngleich die Feldpost – wie oben gezeigt – die Chance bot, die «amtliche Berichterstattung» zumindest zu hinterfragen.

Ein weiteres Kriegsthema, das in der Feldpost mehrmals angespro-chen wird, ist das der Partisanen. Praktisch an allen Kriegsschauplätzen von Polen, Russland und Balkan bis Frankreich hatten es die Soldaten der Wehrmacht hinter der eigentlichen Frontlinie mit Gegnern zu tun, die als solche gar nicht zu erkennen waren. Sie verhielten sich tagsüber unverdächtig und verübten nachts Angriffe und Überfälle. Berechtigte Anliegen wurden ihnen nicht zugebilligt. Da sie nicht mit offenem Visier kämpften, wurden ihre Aktivitäten vielmehr als heimtückisch, hinterli-stig und feige empfunden, sie wurden als Pack, Banden, Banditen oder Terroristen bezeichnet, die sich einer Kriegsführung, für die es doch gewisse Regeln gibt (Uniformierung, Genfer Konvention usw.) entzo-gen. Deshalb waren sie bei den Soldaten verhasst und hatten offenbar keine Gnade zu erwarten, wenn sie erwischt wurden. Für eine Armee, die es gewohnt ist, einen als Feind erkennbaren Gegner an der Front zu bekriegen, war die Bekämpfung der Partisanen eine grosse Herausforderung und mit den normalen militärischen Mitteln nicht machbar (z. B. Nr. 57, S. 5). Von der Brutalität der Kämpfe mit den Partisanen zeugt auch dieser Beitrag eines Kameraden, der eigentlich als Metzger bei einer Versorgungstruppe eingesetzt war: «[…], denn mit den Banden ist nicht zu spassen. Bis heute haben wir an Verlusten 9 Tote und 6 Verwundete. Wir sind Tag und Nacht auf Streifendienst unterwegs und auch bei Banden-Einkreisungen dabei. Wir konnten schon allerhand erledigen und ich selbst habe schon 6 Mann umgelegt, was ich nie gedacht hätte, dass wir als Metzger zu einem solchen Handwerk gebraucht würden, aber ähnlich ist ja auch dieser Beruf. Wenn man mit eigenen Augen sieht, wie die Kameraden umfallen, dann wird man hart» (Nr. 55, S. 8).

Zum Thema wird auch die Behandlung von Kriegsgefangenen. Ende März 1943 schreibt Willi Hahn (Nr. 55, S. 4): «Ich habe ausser meinem Zug noch 100 Russen zum Arbeitseinsatz. Auch für die Gefangenen wird gut gesorgt, und ich wünschte nur, dass es unseren Gefangenen drüben so gut geht.»

Unerfreuliche, ja tragische Nachrichten sind offensichtlich ein unvermeidlicher Bestandteil jeglicher Kriegsberichterstattung. So nimmt Kurt Frentzel, als Transportflieger im Osten eingesetzt, Bezug (Nr. 55, S. 7) auf das Massaker von Katyn, bei dem der sowjetische Geheimdienst (wie erst Gorbatschow und Jelzin einräumten) 1940 Tausende von polnischen Offizieren und Zivilisten tötete. Als man 1943 die Massengräber entdeckte und viel von den Vorgängen im Walde von Katyn zu hören war, habe er sich bei einem Überflug die Sache mal näher angeschaut: «Die Menge Leichen, die schon ausgegraben wurden, liegen fein säuberlich in Reih & Glied. Und immer kommen noch neue hinzu, denn es werden alsfort neue Gräber gefunden.»

Obwohl nach aussen immer noch Zuversicht zur Schau gestellt wird, häufen sich jedoch die Hinweise auf die grosse Übermacht, der die deutsche Wehrmacht gegenüber steht. Zur Ernüchterung tragen auch die sich ab Ende 1943 häufenden Nachrufe auf gefallene Kameraden bei: Erich Kress, Hans Braun, Willi Meinhardt, Kurt Friedsam, um nur einige zu nennen. Hans Braun, im Kampf immer an vorderster Front, hatte noch in einem Brief (Nr. 55, S. 5) gebeten, ihn nicht zu einem Helden zu machen. «Die Helden liegen alle schon unter der Erde». Im November 1943 starb er beim Sturm auf eine Höhe an der Spitze seiner Kompanie (Nr. 62). Glück im Unglück hatte Fips Wagner als Panzerfahrer. Er wurde schwer verwundet, überlebte aber die zahlreichen Abschüsse seiner Panzer. «Immer wieder kam er wie durch ein Wunder unversehrt aus seinem Panzer heraus, während die mitfahrenden Kameraden tot oder verwundet waren» (Nr. 55, S. 11).

Die Bereitschaft, bis zum Schluss durchzuhalten, ist zwar vorhanden: «Wir wollen nicht einem [...] leichtfertigen Optimismus noch einer unfruchtbaren Schwarzseherei huldigen. Als Sportsleute wissen wir, dass ein Spiel erst dann verloren ist, wenn man es aufgibt» (Paul Leunig, Nr. 71, S. 3). Von Fritz Lucas heisst es (Nr. 76, S. 3), «er ist dick in der Scheisse drin», aber doch voller Zuversicht. Dennoch wird gegen Kriegsende in verschiedenen Beiträgen nur noch der Wunsch nach Frieden geäussert. Von Sieg ist nicht mehr die Rede. «Oft wünscht man sich ja heute, alles wäre nur ein Traum» (Nr. 76, S. 4).

Die Nachrichten werden spärlicher. Die letzte Feldpost im Krieg erscheint am 15. März 1945.

FELDPOST

Nachrichten der Rugby-Abteilung der Frankfurter Sportgemeinde
"EINTRACHT" e.V. für Front und Heimat.

ERICH KRESS

Von Jahr zu Jahr wird der Krieg härter. Immer grösser werden die
Opfer. Auch unser Kameradenkreis hat wieder ein Opfer zu beklagen.
Heute Vormittag erhielt ich die traurige Nachricht, dass Erich
Kress gefallen ist.

Anfang November war Erich noch auf Urlaub. Er sass in unserem Krei-
se und berichtete von seinem Erleben an der Front. Dann gingen wir
wieder, wie so oft, gemeinsam über die Alte Brücke nach Hause. Im
Dunkel der Nacht sahen wir die Silhouetten der Stadt. Der Heimat!
Erich sah sie zum letzten Mal. Im Osten hat er sein junges, hoff-
nungsvolles Leben für die Rettung seiner Heimat hingegeben.

Vor nunmehr rund zehn Jahren ist Erich in unseren Kameradenkreis
getreten. Als ein Lebensfroher und aufgeschlossener Mensch war er
bald unser aller Freund. Erich war ein vorzüglicher Sportler. Nachdem er einige Jahre ein sehr guter Fussballer bei Germania 1894
war, wurde er einer unserer besten 3.Reihe-Stürmer. Immer stand er
in der 1. Mannschaft. Eine seiner Stärken war es, dass er als leb-
hafter und beweglicher Mensch in jedem Spiel sofort die Schwächen
des Gegners sah. Seine liebsten Spiele waren die, in denen herz-
haft gekämpft wurde. So ist sein Name mit manchem stolzen Erfolg
unserer Abteilung unlöslich verknüpft.

Erich stand auch im Beruf seinen Mann. Schon mit jungen Jahren
führte er als Bäckermeister sein eigenes Geschäft. Mit Fleiss und
Geschick hat er seinen Betrieb voran gebracht. Nun ist seinem Stre-
ben mit harter Hand ein Ziel gesetzt worden.

Nie mehr werden wir Erich zutrinken können. Nie mehr werden wir
seinen fröhlichen Ruf "Wasser auf Euch" hören. Aber Erich wird uns
immer unvergessen sein. In Erich Kress verlieren wir einen treuen
Freund und guten Kameraden. Mit ihm geht einer vom Kern unserer Abteilung von uns. Die Lücke, die Erich lässt, wird nicht zu schliessen sein.

So ruhst Du fern der Heimat in fremder Erde, Erich. Möge Dir diese
Erde leicht werden. Wir trauern um einen der Treuesten. Wir werden
Dich nie vergessen, Erich Kress.

P.L.

Auszug aus Feldpost Nr. 61 vom 17. Dezember 1943 (Abb. 10)

5.2 Frankfurt in der Kriegszeit | Während der ganzen Kriegszeit trafen sich jeweils dienstags abends die (noch) in Frankfurt weilenden Ruggers und etwaige Urlauber zu sogenannten Heimkrieger- oder Heimatabenden. Diese Zusammenkünfte, in denen der Flachs blühte und über die in der Feldpost stets minutiös Bericht erstattet wird, dienen dem Zusammenhalt in der Rugby-Abteilung genau so wie die Feldpost selbst. Diese Heimkriegerabende finden bis Januar 1940 in der von Albert Mayer geführten Vereinsgaststätte in der Tribüne des alten Riederwald-Sportplatzes statt. Nach deren Schliessung wird der Tatort manch feuchtfröhlicher Sitzung in die neu vom Vereinswirt übernommene Gaststätte «Zum Klapperfeld» in der Klingerstrasse verlegt.

Aus der Feder von Richard Käppel, einem Journalisten vom Sport-Express und Freund der Ruggers, stammt eine treffende Beschreibung dieser regelmässigen Zusammenkünfte (Nr. 34, S. 1f): «Und es liegt ein gut Stück Poesie in diesen Heimabenden. Den ‹Heimkriegern›, lichten sich ihre Reihen auch immer mehr, wird die Runde auch noch so klein, sind sie zu einer liebgewordenen Stunde echt kameradschaftlichen Beisammenseins geworden, wie das unter Rugbykameraden der Eintracht eben gar nicht anders sein kann. Unentbehrlich sind die Heimabende auch für unsere Urlauber, und keiner, kommt er auf noch so kurze Zeit mal in die Heimat, versäumt den Heimabend zu besuchen. Denn hier sieht er alte vertraute Gesichter, kann sich aussprechen, findet einen aufmerksamen und dankbaren Zuhörerkreis, erfährt Neuigkeiten, hört von dem und jenem liebgewordenen Kameraden. Das erste Beginnen der Heimabende ist das Studium der eingegangenen Frontbriefe. Sie werden aufmerksam gelesen. Dann werden Meinungen ausgetauscht, es gibt viel gegenseitig zu erzählen, sportliche Dinge werden besprochen, alle Angelegenheiten des täglichen Lebens erörtert. Dazu mundet der Becher, hin und wieder gewürzt durch eine Runde Feuerwasser. Geistesraketen blitzen auf, es kommt eine Periode der Witze, die allerneuesten werden ausgekramt, alte hin und wieder mal aufgewärmt, – und Meistererzähler sind dann am Werk. So geht der Abend um die mitternächtige Stunde allmählich dem Ende entgegen.»

Aus den Nachrichten der Rugby-Abteilung erfährt man zunächst eher en passant, wie sich der Krieg in der Heimat auswirkt. Am Anfang sind es eher Kleinigkeiten. Es ist von Mangelerscheinungen die Rede. Man braucht Marken oder Punkte, um lebensnotwendige Waren kaufen zu können. Es gibt offenbar auch Kontingente für bestimmte Güter. Um in einer Gaststätte «fleischhaltiges» Essen zu erhalten, benötigt man nicht nur Geld, sondern auch Fleischmarken. Und manchmal ist das Angebot auch einfach karg und knapp.

Aber eigentlich steht in der Feldpost eher das Trinken als das Essen im Vordergrund. In diesem Zusammenhang wird des Öfteren lobend erwähnt, dass Gott sei Dank noch Bier oder Kirsch vorhanden war, wenngleich vielfach nicht mehr in Vorkriegsqualität. Dann ist beispielsweise von Dünnbier die Rede. Schockiert haben die Rugbyfreunde im Mai 1941 besonders die Nachricht von Emil Derleth aus München zur Kenntnis genommen, im Hofbräuhaus sei schon am Abend um 7 Uhr kein Bier mehr vorhanden gewesen. Wenn nun schon in Bayern das Bier knapp war, konnte man sich ausmalen, was im übrigen Deutschland zu befürchten stand.

Immer öfter werden die Dienstagabende durch Fliegeralarm gestört. Die Heimkrieger müssen seit Anfang 1941, wenn die Sirenen ertönen, ihr Kolleg verlassen und – soweit sie sich nicht noch schnell davonstehlen können – in den Keller, genannt das Mayer'sche Burgverlies. Wenn sich anfangs die Heimatabende in der Regel bis zur Polizeistunde ausdehnten (und bisweilen darüber hinaus), so werden sie mit zunehmender Intensität der Fliegerangriffe immer früher beendet, damit die Anwesenden noch vor dem erwarteten Alarm den Heimweg antreten können. Bis 1942 werden die Aktivitäten der englischen Royal Air Force über dem Himmel Frankfurts oder Berlins noch nicht als sehr bedrohlich empfunden. Grosse Schäden werden keine berichtet. Man vertraut der Flugabwehr. Aber lästig und ärgerlich ist die Sache doch. Sie beeinträchtigt die Lebensqualität empfindlich.

Weil immer mit Angriffen aus der Luft zu rechnen war, mussten in der Stadt alle Lichtquellen beseitigt werden, um den feindlichen Flugzeugen keine Anhaltspunkte zu liefern. Es brannten also keine Strassenlaternen, und alle Fenster mussten verdunkelt werden, ebenso, bis auf einen kleinen Spalt, die Scheinwerfer der Autos. Auf den Strassen herrschte nach Einbruch der Dunkelheit komplette Finsternis, was oftmals als Erschwernis für den Heimweg nach den Heimatabenden im Mayer'schen Etablissement in der Klingerstrasse angeführt wird. Allerdings stellt sich dem Leser die Frage, ob nicht manchmal doch Pils und Kirsch das grössere Hindernis darstellten.

Als sie nach Kriegsausbruch eingezogen und an die Front geschickt werden, heiraten mehrere Rugby-Spieler, immer begleitet vom Flachs und den guten Wünschen der Kameraden, «auf die Schnelle», um die Beziehung zur ihrer Partnerin angesichts der bevorstehenden längeren Trennung zu festigen und zu besiegeln. Die Behörden hatten ja in weiser Voraussicht das Instrument der Kriegstrauung geschaffen, das eine schnelle und unbürokratische Heirat ermöglichte. Immer wurde die Frage aufgeworfen, ob der Betreffende vielleicht «eingefangen» worden sei oder ob sogar ein anders gearteter «Zwang» hinter der Eile stand. Ganz besonders viel Flachs hatte Rudolf Senger, auch genannt Anton oder der Dribbelkönig, zu ertragen, weil er der erste Kriegsgetraute war. Später wurde die Kriegstrauung ein Stück Normalität.

Die Steigerung der Kriegstrauung war die Ferntrauung, bei der der Soldat an der Front und die Braut zu Hause war. Somit war eine Heirat ohne Urlaub für den Soldaten möglich. Diesen Weg musste Walter Gross beschreiten, ein Weg, «bei dem man noch nicht einmal seiner eigenen Hochzeit beiwohnen kann», wie er in einem Brief vom 3. September 1941 beklagt (Nr. 40, S. 9).

Auch war es gar nicht selbstverständlich, dass die Gaststätten (und Wohnungen) im Winter ausreichend geheizt werden konnten. Wenn ja, war das ein Grund zur Zufriedenheit. Wenn nein, bemühte man sich mit «Hochprozentigem» um innere Erwärmung. Ab Januar 1942 wird die Polizeistunde vorübergehend wegen Kohlemangel auf 10.00 Uhr abends vorverlegt. Um Heizmaterial zu sparen, war die «Obrigkeit» also bemüht, die Bevölkerung möglichst früh ins Bett oder wenigstens nach Hause zu schicken.

Hielten sich in den ersten Kriegsjahren die Beeinträchtigungen in Frankfurt und anderswo in der Heimat noch in Grenzen, so dehnen sich die Mangelerscheinungen ab 1942 auch auf Vervielfältigungsmaterial und Papier für die Feldpost aus. Die Heimkriegerabende bei Vereinswirt Albert Mayer werden ziemlich spartanisch, sowohl was Essen und Trinken anbelangt als auch in Bezug auf die Heizung des Lokals.

Die Einberufungen betreffen immer mehr auch ältere Jahrgänge. Die Reihen der «Heimkrieger» lichten sich weiter, und es erscheint manchmal fraglich, ob die Feldpost überhaupt in der gewohnten Form weiter geführt werden kann.

Die Bombenalarme häufen sich und die Angriffe werden heftiger. Des Öfteren müssen die Heimatabende wegen Bombenalarm vorzeitig abgebrochen werden. Gegen Ende 1942 ist von Grossangriffen in verschiedenen Städten die Rede. Im August 1943 (Nr. 56, S. 10) wird die «Vernichtung» von Düsseldorf erwähnt, aber in Frankfurt scheinen die grossen Schäden zunächst auszubleiben. Das ändert sich radikal mit dem «Terrorangriff», so der Sprachgebrauch, auf Frankfurt in der Nacht vom 4. auf den 5. Oktober 1943, der zu verheerenden Zerstörungen vor allem im Osten Frankfurts führt. Nicht nur die Tribüne des damaligen Riederwald-Stadions ist – wie schon erwähnt – betroffen. Auch die Wohnungen vieler Rugby-Kameraden oder naher Verwandter werden ganz oder teilweise zerstört. Die Soldaten an der Front machen sich grosse Sorgen um die Situation zu Hause. So schreibt Heini Solzer an die Feldpost (Nr. 58, S. 13): «Nun sind wir soweit. Die Heimkrieger, die jahrelang im Stillen von vielen Kameraden beneidet wurden, haben nun ein Fronterlebnis mit all seinen unangenehmen Auswirkungen hinter sich und diejenigen, die noch verschont geblieben, werden es vielleicht noch vor sich haben, dass man nicht schlechthin von Front und Heimat sprechen kann. Am Montagabend wurde der erste Kamerad meiner Kompanie aufgrund eines Telegramms auf Urlaub geschickt. Inzwischen sind es über 40 geworden, und am Dienstag war es uns hier schon klar, dass sich in Frankfurt eine Katastrophe abgespielt hatte. Beim Verlesen der Telegramme hielten wir jedes Mal den Atem an. Die Fernsprechleitungen waren unterbrochen und Post kam keine durch. So wusste niemand was Genaues und den Gerüchten war Tor und Tür geöffnet. Die nach und nach eingehenden Schilderungen über Einzelheiten waren für uns erschütternd, da jeder am liebsten sofort auf und davon wäre, aber eben bleiben musste.»

Die Feldpost versucht das Informationsbedürfnis zu stillen. Die gleiche Ausgabe (Nr. 58, S. 15) enthält eine Übersicht über die von den

Frankfurt vor der Zerstörung (Abb. 11)   **Foto: ISG Frankfurt a. M.**

«Luftpiraten» verursachten Schäden in Frankfurt und speziell im Kreis der Rugby-Kameraden. Das traditionelle Dienstags-Treffen der Heimatkrieger und der Fronturlauber fiel freilich nur am 5. Oktober 1943, dem Tag nach dem fürchterlichen Fliegerangriff, aus. Bereits eine Woche später fand sich wieder eine kleine Runde im Klapperfeld bei Albert Mayer ein. Soweit man das aus der Feldpost feststellen kann, haben diese Luftangriffe auch und gerade auf die Zivilbevölkerung keine demoralisierende Wirkung ausgeübt, wie das vielleicht beabsichtigt war. Eher war das Gegenteil der Fall. Die Entschlossenheit, auch unter diesen Umständen durchzuhalten, wird in den Beiträgen der Feldpost deutlich.

Viele Wohnungen wurden also zerstört oder so beschädigt, dass sie nicht mehr bewohnbar waren. Den betroffenen Familien wurde eine Umquartierung oder Evakuierung in die ländliche Umgebung der Grossstadt Frankfurt ermöglicht. Die neue Bleibe war vielfach nur ein einziges Zimmer für eine ganze Familie auf einem Bauernhof (wie ich aus eigenem Erleben weiss) oder eine Baracke, aber – jedenfalls in der Theorie – sicher vor Fliegerangriffen.

Frankfurt nach der Zerstörung (Abb. 12) **Foto: ISG Frankfurt a. M.**

Von nun an sind Meldungen in der Feldpost über teilweise oder vollständig ausgebombte Wohnungen oder Hauser und Umquartierungen an der Tagesordnung. Schlimmer noch: Es ist von Angehörigen, Freunden und Bekannten zu berichten, die bei Fliegerangriffen ihr Leben verloren. Auch Umquartierungen bieten nur bedingten Schutz. Der letzten Kriegsausgabe der Feldpost (Nr. 79, S. 1) entnehmen wir die tragische Nachricht, dass noch im März 1945 die nach Butzbach umquartierte Ehefrau von Erich Gabler mit ihren vier Kindern bei einem Fliegerangriff auf eben dieses Butzbach ums Leben kam. Gab es denn in Butzbach, diesem kleinen Ort in der Nähe Frankfurts, in den letzten Kriegstagen noch ein lohnendes Ziel für die Alliierten Fliegertruppen? Offenbar ja. Die Alliierten wollten wohl den Bahnhof und die Bahnlinie lahmlegen, um den Transport von Rüstungsgütern und Truppen an die deutsche Front zu verhindern. Bahnhof und Bahnlinie, die bis zum Schluss in Betrieb waren, haben die Flieger verfehlt, dafür jedoch die Häuser in der Umgebung getroffen und in mehreren Angriffen insgesamt 112 Personen in den Tod gerissen.[1] In der Geschichte des 2. Weltkrieges einfach ein Kollateralschaden, für die betroffene Familie Gabler eine Tragödie.

[1] Siehe: www.weidigschule.de/projekte/bombenkr.pdf

5.3 Die Kriegs-Perspektive der Eintracht-Rugbyspieler | Was verraten uns die Berichte der Soldaten und die Informationen aus der Heimat über die Einstellung der Eintracht-Rugbyspieler zu den Kriegsereignissen? Was ist ihre Meinung zum Geschehen? Sie waren «mitten drin», und unmittelbar betroffen. Was war ihre Perspektive, ihr Verständnis, ihre Sicht der Dinge? Wie haben die Ruggers als Zeitgenossen und Direktbeteiligte wie auch Leidtragende das Ereignis des 2. Weltkrieges erlebt, verstanden und gedeutet? Es handelt sich bei ihnen zwar nur um eine kleine Gruppe, die keineswegs repräsentativ ist für die damalige deutsche Bevölkerung. Dennoch mögen sie uns vielleicht hier und da eine kleine Ahnung davon zu vermitteln, durch welche «Brille» die Mehrheit der Deutschen den Krieg betrachtet hat. Was also können wir darüber aus der Feldpost lernen?

Wenn wir aus heutiger Sicht zurückblicken, scheint alles klar. Die Folgen des Friedensvertrags von Versailles und die unglückliche Geschichte der Demokratisierung in der Weimarer Republik mit Wirtschaftskrise, Hyper-Inflation und ungeheuerer Arbeitslosigkeit leisteten dem politischen Erfolg radikaler Gruppierungen Vorschub. Ohne diese besonderen Umstände wäre die NSDAP höchst wahrscheinlich nie an die Macht gekommen. Aber als die Nazis nun einmal an der Macht waren, gelang es ihnen, ihre Position z. B. durch die erfolgreiche Bekämpfung der Arbeitslosigkeit zu festigen. Gleichzeitig wurden Andersdenkende aus dem Weg geräumt oder mundtot gemacht. Auch durch das Ausland weitgehend ungehindert konnten sie so in den ersten Jahren nach der Machtergreifung viele ihrer politischen Vorstellungen und Ziele durchsetzen. Selbst wenn man in Rechnung stellt, dass das Geschichtsbild nachfolgender Generationen in der Regel von der Sicht des Siegers geprägt wird, gibt es heute keinen vernünftigen Zweifel daran, dass der 2. Weltkrieg letztlich durch den Überfall Nazi-Deutschlands auf Polen ausgelöst wurde. Auch steht fest, dass dafür keine «geschichtliche Notwendigkeit» bestand, sondern Hitlers Eroberungspläne (Stichwort: Volk ohne Raum) ausschlaggebend waren. Das ist die heutige Sicht, auch in Deutschland.

Ganz offensichtlich hatten die Ruggers des 2. Weltkriegs eine völlig andere Wahrnehmung der Dinge als wir heute. Sie glaubten, einen gerechten Krieg (wenn es so etwas überhaupt gibt) zu führen, der ihnen von aussen aufgezwungen wurde. Es ist die tiefe Überzeugung zu spüren, für eine gerechte Sache, für «Volk und Vaterland» zu kämpfen, die wir Nachgeborenen im Besitze aller Informationen über das damalige Unrechtsregime nur schwer nachvollziehen können. Stets schwingt der Glaube mit, der Kampf um Deutschlands «Grösse, Ehre und Anerkennung» werde schliesslich Ordnung und Frieden in Europa erzwingen.

Der Wunsch und die Sehnsucht nach Frieden und danach, wieder normal leben und Rugby spielen zu können, ist allgegenwärtig und von Anfang an ein wichtiger Bestandteil der Feldpostberichte. Für die Kameraden ist aber ebenso klar, dass es erst einen Sieg im Krieg braucht, um anschliessend einen dauerhaften Frieden, der diesen Namen verdient, geniessen zu können.

Der Glaube an die Schlagkraft der deutschen Wehrmacht und die Beiträge der Rugby-Spieler als besonders gute Soldaten (Nr. 52, S. 8: «Mit uns allein könnte man halb Russland erobern [...]») ist tief verwurzelt. Die Feldpost erweckt keineswegs den Eindruck, die Soldaten seien widerwillig und nur mit Zwang ihrer Einberufung gefolgt. Vielmehr spürt man bei ihnen eine grosse Entschlossenheit, ein enormes Pflichtgefühl dem Vaterland gegenüber. Natürlich ist die Stimmung besser wenn man gewinnt, im Sport wie im Krieg. Dank des ausgeprägten Pflichtgefühls nimmt die Kampf- und Einsatzbereitschaft der Soldaten aber auch beim späteren negativen Kriegsverlauf keinen Schaden.

Rudolf Sengers «Rugby-Epos» vom Oktober 1943 (Nr. 58, S. 3f) wurde bereits in anderem Zusammenhang zitiert. Seine beiden letzten Strophen unterstreichen das eben Gesagte:

«Und heut da Ernst ward aus dem Spiele
Steh'n wir die Jungen wie die Alten
Im Kampf für Deutschlands höchste Ziele,
Für Volkes Freiheit gegen Feindgewalten!

Und das soll unsere Losung sein,
Wenn tobt der Schlachten wild Fanal:
Wir wollen stets ein Vorbild sein!
Ruggers der Eintracht! Männer aus Stahl!»

Positive Urteile und Kommentare über die Kriegsgegner, vor allem die Polen, Russen und Engländer, sind in diesem Umfeld natürlich nicht zu erwarten. Harsche Kritik lösen insbesondere die Zustände aus, die man in den von der Wehrmacht besetzten Ländern im Osten vorfindet. Darüber sind die Landser bisweilen geradezu entsetzt. Dann liegt die Schlussfolgerung nahe, es sei notwendig und letztlich sogar im Interesse der Russen, wenn man sie von ihrem bolschewistischen Joch, das ihnen so viel Elend beschert, befreie. Hass auf die Gegner ist, vielleicht einmal von den Partisanen abgesehen, aus den Äusserungen nicht spürbar, eher Gleichgültigkeit und ein gewisses Gefühl der Erleichterung, dass man es zu Hause wesentlich besser hat. Die Feinde sind irgendwie «abstrakt» und seltsam «gesichtslos».

Der Schlüssel zum Verständnis der Psyche der Weltkriegs-Ruggers (und vieler Zeitgenossen) liegt nach meinem Dafürhalten im «Mythos Vaterland» begründet. Sie empfinden absolute Loyalität und Verantwortung für die Familie, die Gruppe der Sportkameraden und überhaupt für das ganze deutsche Vaterland. Das Heimatland ist ein absoluter Wert, und seinem Wohlergehen fühlt man sich verpflichtet. Dafür ist man bereit, sich einzusetzen und Opfer zu bringen. Alles was darüber hinaus geht, andere Länder und andere Völker, stehen ausserhalb dieser Wertegemeinschaft, und deren Wohlfahrt hat geringe bis gar keine Bedeutung. Offensichtlich ist die Fürsorge und Liebe für Familie, Heimat und Vaterland eine positive Haltung, die für sich genommen durchaus Respekt verdient. Die gerade in Zeiten des Krieges und der Bedrängnis vielleicht unvermeidbare Fokussierung auf die eigene Nation machte aber nicht immun gegen das in der herrschenden Partei und Regierung vorhandene Aggressionspotential gegen Aussenstehende, die nicht der eigenen Gemeinschaft zuzurechnen waren.

Allerdings muss man sofort einräumen, dass das, was für das Kollektiv gilt, nicht unbedingt für jeden Einzelnen zutreffen muss. Und weiter muss man festhalten, dass diese Weltsicht nicht den Ruggers (oder den Deutschen allgemein) vorbehalten, sondern damals weit verbreitet und auch bei den Kriegsgegnern in ähnlicher Weise sichtbar war. Das ist ja neben der fortgeschrittenen Waffentechnik der Hauptgrund für die grosse Grausamkeit des Krieges.

Bemerkenswert ist daher das erstaunlich positive Frankreichbild. In diesem Zusammenhang ist m. E. die Hochachtung vor Frankreichs Rugby-Tradition, die man gut kannte, ausschlaggebend. So schildert Heinz Euler (Nr. 27, S. 4), ein merkwürdiger Zufall habe ihn in das schöne Haus von [René] Crabos, dem früheren Kapitän der französischen Rugby-Nationalmannschaft, geweht. «Er ist ja inzwischen ein behäbiger Mann geworden, dessen Herz aber immer noch für seinen geliebten Rugbysport glüht; [...] Wenn alles klappt, will er mich demnächst mit nach Bayonne nehmen, das z. Zt. die stärkste südfranzösische Mannschaft darstellt.» Vermutlich klappte es nicht mehr, denn Heinz Euler verunglückte kurz darauf in Frankreich tödlich.

Man hat die Franzosen – so möchte ich spekulieren – einfach als Teil der grossen Wertegemeinschaft der Rugbyenthusiasten gesehen.

Natürlich gibt es manch nachdenkliche Stimme. Sie wird allerdings überlagert von einer «preussisch» anmutenden Tugend der Pflichterfüllung. Die verlangt, bis zum Schluss durchzuhalten und sich nicht unterkriegen zu lassen, selbst wenn man einer grossen Übermacht gegenüber steht, so wie ein Fussball- oder Rugby-Spiel auch erst mit dem Schlusspfiff zu Ende und bis dahin noch alles möglich ist.

Ich möchte annehmen, dass dieses Weltbild der Ruggers Risse bekam, als alles vorbei war. Die Wehrmacht hatte zwar tapfer gekämpft, aber den Krieg schliesslich verloren. Der hatte einer grossen Zahl von Kameraden, Bekannten und Familienangehörigen das Leben gekostet und die materiellen Lebensgrundlagen der Deutschen weitgehend zerstört. Gleichzeitig werden unerfreuliche Tatsachen bekannt oder bestätigt, die den «Mythos Vaterland» diskreditieren und es schwer machen, weiterhin daran zu glauben, man habe für eine gute Sache gekämpft. Die zwei Nachkriegsnummern der Rugby-Nachrichten erlauben hierzu keine fundierte Aussage, aber immerhin eine leichte Ahnung, wenn wir z. B. lesen: «Otto Dörr überstand den ganzen Schwindel [sic!] in Frankfurt a. M.» (Nr. 80, S. 4).

6 Das NS-Regime im Spiegel der Feldpost

Die Feldpost ist das Band, das die Rugby-Abteilung und ihre weit zerstreuten Mitglieder im Krieg zusammenhielt. Insofern ist es verständlich, dass die Berichterstattung neben dem sportlichen Teil – wie wir gesehen haben – ausserordentlich stark durch die Kriegsereignisse an der Front und in der Heimat geprägt wurde. In diesem Zusammenhang möchte man natürlich gerne von der Feldpost erfahren, wie sich das NS-Regime auf die Rugby-Abteilung und ihre Mitglieder ausgewirkt hat, wie die Ruggers dieses politische System erlebt haben und wie sie damit umgegangen sind. Hier bleibt die Feldpost freilich ziemlich vage. Es muss vieles offen bleiben, oder zumindest behalten mögliche Antworten ein spekulatives Element. Dafür gibt es eine ganze Reihe von Gründen.

Zunächst geht es – wie gesagt – ja um das subjektive Erleben der Zeitgenossen und nicht darum, das NS-Regime und Einstellung und Verhalten der Ruggers aus heutiger Sicht zu beurteilen, mit dem heutigen Wissen, aus unserer modernen Perspektive, ohne Beeinflussung durch die nationalsozialistische Propaganda und ohne Bedrohung anders Denkender durch die Nazis. Sonst wäre unsere Meinung schnell gemacht, und wir würden von den Zeitgenossen dieses Unrechtsregimes aktiven oder wenigstens passiven Widerstand fordern. Damit aber würde man den betroffenen Personen nach meinem Dafürhalten nicht gerecht.

Mein Denkansatz ist anders. Ich möchte mit Hilfe der Feldpost die Rugby-Kameraden aus ihrer persönlichen historischen und psychologischen Situation heraus wahrnehmen. Es geht um Verstehen, nicht um Urteilen, obwohl das wahrscheinlich nie ganz, höchstens teilweise gelingen kann.

Zudem sind direkte oder indirekte Aussagen zur Politik oder zum 3. Reich ganz allgemein nur sehr spärlich vorhanden. Gewiss hatten die Rugby-Kameraden – jeder für sich – persönliche politische Überzeugungen. Das waren ja aufgeweckte, überdurchschnittlich intelligente junge Männer, die sich bestimmt auch über diesen Bereich Gedanken machten. Aber nach meinem Eindruck wurden die politischen und weltanschaulichen Standpunkte und Meinungen gewissermassen an der Gardarobe abgegeben, wenn sich die Freunde zum Sport oder gemütlichen Beisammensein trafen. Der Rugby-Sport war das gemeinsame Band, und dieses Band konnte durchaus unterschiedliche Ansichten und Auffassungen in anderen Lebensbereichen überdecken. Mit anderen Worten: Sie spielten im Rahmen der Rugby-Abteilung eigentlich keine wichtige Rolle und wurden deshalb in der Feldpost auch weitestgehend ausgeklammert und nicht direkt angesprochen.

Helmut Wilken brachte dies in einem Beitrag zum 20-jährigen Jubiläum der Rugby-Abteilung im Oktober 1943 auf den Punkt (Nr. 58, S. 7): «In einer Zeit, als in Deutschland die Inflation gerade zu Ende war und das Elend der Arbeitslosigkeit die grosse Masse des deutschen Volkes bedrückte, in einer Zeit, als es vielen noch so schlecht ging, dass sie ernsthafte Sorgen um Kleidung und Ernährung hatten, in einer Zeit als Deutschland geradezu überschwemmt war von politischen Parteien und Zwiespältigkeiten, da erstand und wuchs die Rugby-Abteilung und das Wunderbarste war wohl dabei, dass alle diese Widerwärtigkeiten des täglichen Lebens, die auch jeden Einzelnen von uns in den Klauen hielt, nie Einlass fanden, sobald wir um des Sportes willen, dem wir uns verschrieben hatten, zusammenkamen.»

Schliesslich musste die Feldpost mit den Bedingungen einer Diktatur zu Recht kommen. Diktatur bedeutet – damals wie heute – Gleichschaltung des Denkens, Zensur, um die Verbreitung abweichender Gedanken zu verhindern, und die Verfolgung und Bestrafung von Dissidenten. In einem solchen Umfeld gibt es nur zwei Verhaltensweisen, entweder Anpassung oder aktiven bzw. wenigstens passiven Widerstand. Warum Widerstand nicht in Frage kommen konnte, versuche ich weiter unten zu begründen. Bleibt also die Anpassung. Der vom Gedankengut der nationalsozialistischen Bewegung Überzeugte war bereits angepasst und musste nichts weiter tun. Diejenigen, die nicht wirklich überzeugt waren oder das Gedankengut vielleicht sogar innerlich ablehnten, mussten wenigstens nach aussen so tun, als ob sie einverstanden seien und sich entsprechend verhalten. Am besten liess sich das durch die Verwendung nationalsozialistischer Sprachregelungen zeigen. Man gelobte Einsatz für Volk und Führer, «glaubte» auch in schlechten Zeiten noch an den Endsieg des tüchtigen deutschen Volkes oder unterschrieb die Briefe mit «Heil Hitler» (was aber nur eine Minderheit tat). Solche Äusserlichkeiten, die auch in der Feldpost ins Auge stechen, sagen also wenig über die wirkliche Einstellung der Ruggers als Individuum oder im Kollektiv aus.

Es gibt tatsächlich in der Feldpost immer wieder Hinweise auf die Zensur. In einer Zuschrift von Walter Horn (Nr. 29, S. 13) heisst es: «Jetzt bin ich, ohne dass ich es wollte, schon wieder ins Meckern gekommen, und das ist gefährlich, denn wir müssen unsere Post geöffnet auf der Schreibstube abgeben.» Von Walter Pfleger stammt die Aussage (Nr. 56, S. 4): «Es gibt Dinge, die immerhin eines Berichtes wert wären, kommt dieser Brief aber dann ausgerechnet der Prüfstelle in die Finger, ist der Teufel los. So etwas lässt sich besser mündlich erledigen, […]» Oder Rudolf Senger schreibt (Nr. 57, S. 3): «Niederschreiben kann ich Euch meine Gefühle nicht, denn dann hätte die Zensur zuviel Arbeit und es gäbe nur unnötige Aufregungen.» Man kann also durchaus davon ausgehen, dass vieles, was uns heute interessiert, in der Feldpost ungesagt oder ungeschrieben blieb. Die Feldpost war ein wichtiges Bindeglied zwischen Front und Heimat und ein unverzichtbares Kommunikationsmittel für die Soldaten untereinander, das niemand auf's Spiel setzen wollte. Alle Beteiligten hatten m. E. ein feines Gespür dafür, was unter den damaligen Umständen möglich und tolerierbar war und wovon man andererseits besser die Finger liess. Niemand überschritt diese unsichtbare Grenze, und so konnte die Feldpost um den Preis einer gewissen «Selbstzensur» bis Kriegsende erscheinen.

Das erklärt wahrscheinlich auch die Abstinenz der Feldpostberichterstattung, was die Verfolgung der Juden in Nazi-Deutschland angeht. Sie wird mit keinem Wort erwähnt oder auch nur in einem Nebensatz angedeutet. Zustimmung oder Kritik: Fehlanzeige. Gab es Freunde oder Bekannte, die betroffen waren? Gab es Ressentiments? Die Feldpost machte einen grossen Bogen um dieses heikle Thema und ist daher in diesem Punkt trotz rund 850 Seiten Text ziemlich unergiebig. August Weges Ehefrau z. B. hatte – wie ich nach dem Krieg mitbekam als ich schon etwas älter war, um das zu verstehen - jüdische Wurzeln und daher Schwierigkeiten im 3. Reich. Einzelheiten sind mir nicht bekannt. Ich erinnere mich lediglich, dass August Wege sich damals der Aufforderung, sich von seiner Frau zu trennen, widersetzt haben soll. Das alles blieb in der Feldpost unerwähnt, obwohl August Wege selber öfter genannt wird. Lediglich in der ersten Ausgabe nach Kriegsende heisst es lapidar: «August Wege kam auch gut durch die letzten 1000 Jahre. Seine Frau kehrte auch wieder zurück» (Nr. 80, S. 4). Dieser kurze Hinweis reichte offenbar, da die Kameraden mit dieser Angelegenheit wohl vertraut waren, ohne dass sie in der Feldpost selbst jemals angesprochen worden wäre.[1]

Zweimal wird das Thema aber doch kurz gestreift. Walter Gross weist – wie bereits erwähnt – darauf hin, wie die Juden in den besetzten Ostgebieten von der einheimischen Bevölkerung behandelt wurden (Nr. 37, S. 9), und gelegentlich wird von Judenwitzen berichtet, die bei Zusammenkünften erzählt worden seien. Der einzige zitierte Witz (Nr. 27, S. 11) ist allerdings eher harmloser Natur und keineswegs gehässig oder bösartig und hebt sich kaum von den bekannten Sachsen-, Ostfriesen- oder ähnlichen Witzen ab. Angesichts des grossen Repertoires, das die Ruggers besassen, ist der eine oder andere Judenwitz zweifellos nicht ungewöhnlich und sagt letztlich nichts Zuverlässiges über ihre Einstellung zu den Juden aus.

Gleichschaltung war ein wesentlicher Begriff des NS-Staates. Einheitliches Denken im Sinne der nationalsozialistischen Ideologie war das Ziel. Es sollte erreicht werden durch Entmachtung aller zuvor bestehenden gesellschaftlichen und staatlichen Organisationen und Strukturen und deren Eingliederung in einen vereinheitlichten NS-Staat, der von der NSDAP nach dem «Führerprinzip» geführt und gelenkt wurde.[2] Zu den «gleichgeschalteten» gesellschaftlichen Gruppen gehörten auch die Sportverbände, und es wird in der Feldpost immer wieder deutlich, wie sehr die Sportvereine während der nationalsozialistischen Herrschaft von staatlicher Seite überwacht und auch gegängelt wurden.

Was die Rugbyspieler davon hielten, zeigt ein Zitat aus Paul Leunigs Rundbrief Nr. 3 vom 31. 10. 1939: «Einen neuen Gauführer haben wir nun auch. Herr Schwab vom Sportamt. Besondere Kennzeichen: Beamter, pensionsberechtigt und sieht sicherlich auf uns, die kleinen Leute, die Idealisten im Sport, voll Verachtung herunter. Hält sicherlich auch seine Bürostunden genau ein. Am nächsten Freitag hat er uns zu einer

---

[1] Matthias Thoma, Autor von „Wir waren die Juddebube" – Eintracht Frankfurt in der NS-Zeit, Göttingen 2007, konnte über das Jüdische Museum in Frankfurt in Erfahrung bringen, dass Irma Wege tatsächlich noch am 14. 2. 1945 nach Theresienstadt deportiert wurde und dort die Befreiung des Lagers erlebte.

[2] Siehe z.B. www.de.wikipedia.org unter Stichwort «Gleichschaltung»

Sitzung eingeladen. Aus der Einladung konnte man schon sehen, dass der Rugbysport für ihn Neuland ist.»

Ein weiteres Beispiel für die Einmischung in Angelegenheiten der Sportvereine ist die bereits erwähnte Rüge des Führers der Fachgruppe Rugby im Nationalsozialistischen Reichsbund für Leibeserziehungen an die Adresse der Rugby-Abteilung für die angeblich überhebliche und herabsetzende Berichterstattung der Feldpost. Dass die Eintracht nicht gewillt war, sich der NS-Einflussnahme widerstandslos zu fügen, zeigen die ebenfalls erwähnte Stellungnahme von Fritz Lucas (Nr. 29, S. 2) und zahlreiche Kommentare in den Leserbriefen, die an Deutlichkeit nichts zu wünschen übrig lassen.

Es ist schon auffallend: In Sportfragen kritisierten die Ruggers die vom NS-Regime eingesetzten «Sportführer» ganz offen, wenn sie das für nötig erachteten – ganz im Gegensatz zu den «grossen» politischen und militärischen Fragen der Kriegszeit. Was sind die Gründe? Man kann auch hier nur Vermutungen anstellen. Vielleicht hielten sich die Kameraden als Sportsleute in diesen Fragen für kompetenter, vielleicht konnte aber auch im 3. Reich wenigstens auf diesem Gebiet noch eine gewisse Meinungsfreiheit gefahrlos in Anspruch genommen werden.

So wenig man also in der Feldpost stichhaltige Beweise oder auch nur Anhaltspunkte für eine verbreitete nationalsozialistische Gesinnung in der Rugby-Abteilung während des 2. Weltkrieges findet, so sehr macht sie – wie wir schon gesehen haben – eines überdeutlich: Die Ruggers waren in der grossen Mehrzahl echte Patrioten und überzeugte Soldaten mit ausgeprägtem Wehrwillen. Darauf waren sie stolz. Es war für sie eine Notwendigkeit, ihrem Vaterland gerade auch in Kriegszeiten zu dienen. Sie waren bereit, für diese Verpflichtung persönlich einzustehen und Opfer zu bringen. Dafür lassen sich in der Feldpost eine Unzahl von Belegen finden.

Zusammen mit den gefilterten Informationen, denen die Freunde durch die nationalsozialistische Propaganda ausgesetzt waren, machte dieser Patriotismus einen unvoreingenommen Blick auf das Kriegsgeschehen schwierig. Man sah sich von bösen Feinden umgeben und gezwungen, für das «heilige» Vaterland zu kämpfen – notfalls bis zum bitteren Ende und ohne Rücksicht auf Verluste. Und da Defätismus das

Letzte war, was man sich in einer solchen Situation zu leisten können glaubte, äusserte sich bis zuletzt wenigstens in den schriftlichen Aussagen der Feldpost eine grosse Siegeszuversicht und Einsatzbereitschaft.

Dieser Patriotismus schloss nun einen Widerstand gegen die NS-Politik, die es aussergewöhnlich gut verstand, auf diesem «Klavier» zu spielen, geradezu aus. Man wäre dann ja zu einem Verräter am eigenen Vaterland geworden, und das war undenkbar. Die Gewissheit der unschlagbaren Wehrmacht nach den gewaltigen siegreichen Schlachten der ersten Kriegsjahre rief nicht unbedingt nach Widerstand und Kritik. Eine kritische Hinterfragung der NS-Politik wurde aber auch dann nicht sichtbar, als schliesslich auch noch die Sowjet-Union und die Vereinigten Staaten zu den Kriegsgegnern gehörten, was für uns «Nachgeborene» nicht ohne weiteres verständlich ist. Wie wollte man als kleines «Gross»-Deutschland mit in jeder Hinsicht begrenzten Ressourcen gegen buchstäblich die ganze Welt erfolgreich Krieg führen? Das konnte doch kein vernünftiger Mensch annehmen? Waren die auch in der Feldpost enthaltenen Durchhalteparolen also nur Lippenbekenntnisse, die man – das ist jedenfalls meine Überzeugung – der Obrigkeit schuldig zu sein glaubte, oder hat man wirklich ein solches Wunder für möglich gehalten? Schade, dass ich die Protagonisten nicht zu ihren Lebzeiten danach gefragt habe. Es gab ja nach dem Krieg eine seltsame Scheu, solche Themen aufzugreifen. Jetzt ist es zu spät. Wir werden es wohl nie genau wissen.

7 Ein neuer Anfang

«Dies ist das traurige Ende einer Zeit, die einmal gross genannt wurde», ist das Fazit von Paul Leunig in der ersten Nachkriegs-Ausgabe der nunmehr nicht mehr Feldpost genannten Rugby-Zeitung der Eintracht (Nr. 80, Januar 1946, S. 6). Er zieht Bilanz und informiert über das Schicksal der Mitglieder und Freunde der Rugby-Abteilung. Wer hat überlebt, wo befindet er sich? Wer hat den Krieg mit seinem Leben bezahlt und ist gefallen? Die Liste ist lang. Von wem fehlt noch jede Nachricht? Auch das sind zu diesem Zeitpunkt noch sechs Kameraden.

Während die Trümmer noch rauchen und kein Stein mehr auf dem anderen steht, gelten die Gedanken schon der Zukunft. «Nun stehen wir vor den Trümmern unserer ehedem so stolzen Heimat. Wir müssen überall neu beginnen. In der Familie, im Beruf, so auch im Sport. [....] Unser Weg in Deutschland wird schwer sein. Wir stehen vor harten Zeiten. In alter treuer Freundschaft und der bewährten Kameradschaft der Rugby-Abteilung wollen wir jedoch gemeinsam für eine bessere Zukunft arbeiten» (Nr. 80, S. 6).

Freundschaft, Kameradschaft und Zusammenhalt ziehen sich wie ein roter Faden durch die Geschichte der Rugby-Abteilung im 2. Weltkrieg. Sie haben den Krieg überdauert und helfen den Überlebenden, an dieser schwersten aller Prüfungen nicht zugrunde zu gehen. Sich nicht unterkriegen lassen und an den Wiederaufbau machen, heisst jetzt die Losung.

Die Fussballer, Leichtathleten und Hockeyspieler sowie die Handballer der Eintracht sind schon wieder aktiv. Dank des Organisationstalentes von Heini Solzer konnten im Frühjahr 1946 mit Unterstützung von TV 1860 und SC 1880 schon drei Rugbyspiele gegen Heidelberger Vereine ausgetragen werden, wobei der Stamm der Mannschaft jeweils aus Eintracht-Spielern bestand. Beim Rückspiel in Heidelberg-Neuenheim am 8. September 1946 stand dann zum ersten Mal nach dem Krieg wieder eine reine Eintracht-Mannschaft auf dem Spielfeld. Sechs Wochen später war SC 1897 Hannover-Linden, der Gegner aus dem Endspiel von 1940 und der letzte Deutsche Meister, dank einer erneuten organisatorischen Meisterleistung von Heini Solzer in Frankfurt zu Gast. Beide Spiele gegen Mannschaften aus den Rugby-Hochburgen Heidelberg und Hannover gingen zwar verloren, aber ein Anfang war gemacht. Ausgabe 2/82 vom November 1946 schliesst mit der Feststellung: «Die Rugby-Abteilung der Eintracht lebt also noch. Zwar ist alles recht schwierig. Wir hoffen jedoch, den Anschluss an normale Zeiten zu gewinnen».

Man kann heute nur bestätigen, dass dies mit Hilfe der alten Kämpen gelungen ist. Sie stellten den Kern der Mannschaft in den unmittelbaren Nachkriegsjahren. Rudi Kirsch kümmerte sich um den Nachwuchs und Rudolf Studzinski war lange Jahre Abteilungsleiter. So konnte der alte Geist auf die neue Generation übertragen werden und erhalten bleiben. Wie gut das gelungen ist, wird bei der Lektüre der Festschrift zum 75-jährigen Jubiläum der Rugby-Abteilung deutlich.

Die Kameraden waren mit grossen Hoffnungen in einen Krieg gezogen, den sie aus ihrer Optik für gerecht und von aussen aufgezwungen hielten. Der Krieg hatte gewaltige Opfer gefordert und einen grossen Teil Europas verwüstet, am schlimmsten die eigene Heimat. Im Krieg war auf beiden Seiten das eigene Volk und Vaterland der absolute Massstab gewesen, und sonst hatte nichts gezählt. Nur so ist der totale Krieg, der die feindliche Zivilbevölkerung – auch seitens der Alliierten – bewusst einschloss, zu erklären. Selbst wer mit edlen Motiven in den Krieg zieht, steht nachher «mit dreckigen Händen» da. Es musste wohl erst eine Katastrophe dieses Ausmasses, wie es der 2. Weltkrieg war, die Menschen wachrütteln, bevor ein Umdenken einsetzen kann. Während der Friedensschluss nach dem 1. Weltkrieg nicht wirklich einer war und schon den Keim für die nächste grosse Auseinandersetzung beinhaltete, bauten die ehemaligen Kriegsparteien nach dem 2. Weltkrieg das «gemeinsame Haus» Europa. So scheint heute in Europa die Gefahr gebannt, unterschiedliche Interessen mit kriegerischen Mitteln durchsetzen zu wollen.

Weil der Patriotismus, auch der der Rugby-Kameraden, den Nazis in die Hände gespielt hatte, war er im Nachkriegs-Deutschland über Jahrzehnte verpönt. Erst jetzt versteht man langsam, dass sich Heimatliebe, richtig verstanden, und das Gefühl, gleichzeitig einer übergeordneten Interessen- und Wertegemeinschaft anzugehören und auch dafür Verantwortung zu tragen, nicht ausschliessen, sondern im Gegenteil das eine nicht ohne das andere wirklich gut funktionieren kann.

Voraussetzung ist, das vorher Fremde nicht mehr als fremd zu empfinden, sondern das Gemeinsame zu entdecken. Den Ruggers ist es
gelungen, ihre alten Tugenden in diesen neuen Geist der Offenheit zu
integrieren. Die Pflege zahlreicher internationaler Sportkontakte und
die Integration ausländischer Rugby-Spieler in die Eintracht-Mannschaft sind insbesondere das Verdienst Rudolf Studzinskis, einer der
vom 2. Weltkrieg geprägten Ruggers, in seiner Funktion als Nach-
kriegs-Abteilungsleiter, wie die erwähnte Festschrift zum 75-jährigen
Jubiläum der Rugby-Abteilung belegt.

Ruggers und Freunde während des 2. Weltkrieges

Friedrich (Fritz) von Artus
Ado Block
Hans Braun
Karl (Poldi, Stani) Braun
Kurt Dapper
August Derleth
Emil (Kerlsche) Derleth
Werner Dietrich
Emil Dörner
Otto Dörr
Ludwig (Ludde) During
Heinz Euler
Karl Frentzel
Kurt Friedsam
Erich Gabler.
Helmut Grabke
Rudolf Grebenstein
Walter Gross
Willi (Benjamin) Hahn
Alfred Henrich
Walter Horn
Richard Jordan
Richard Käppel
Rudi Kirsch
Erich (Knatscher) Kress
August (Papa) Leunig
Ludwig (Luddi) Leunig
Paul Leunig
Heiner Lind
Ferdinand (Ferdi) Lind
Fritz Lucas
Margarete (Pummel) Lucas
Albert Mayer

Jakob (Jockel) Meinhardt
Willi Meinhardt
Willy Meyerheim
Walter Molnar
Ludwig (Ludde) Müller
Otto Pappert
Hermann Peter
Walter Pfleger
August Presser
Karl Presser
Theo Presser
August Raab
Günter Rehle
Walter Sack
Dr. Friedrich (Fritz) Schack
Helmut Schmidt
Karl Schmidt (Schmidt-Fisch)
Kurt Schmidt
Wilhelm Schmidt
Richard Schmidt
Teduard (Teddy) Schmidt
Walter Schubert
Ewald Sehnert
Rudolf (Anton) Senger
Heinrich (Heini, King) Solzer
Rudolf Studzinski
Erwin Unverzagt
Fips Wagner
August Wege
Eduard (Edi) Weiss
Hans Wilken
Helmut Wilken
Adam Winkler